Axelle Ngono

Mon monde saigne!

Axelle Ngono

Mon monde saigne!

Et toi mon peuple, que fais-tu ?

Éditions Croix du Salut

Cover image: www.ingimage.com

Publisher:
Éditions Croix du Salut
is a trademark of
Dodo Books Indian Ocean Ltd. and OmniScriptum S.R.L publishing group

120 High Road, East Finchley, London, N2 9ED, United Kingdom
Str. Armeneasca 28/1, office 1, Chisinau MD-2012, Republic of Moldova, Europe
Managing Directors: Ieva Konstantinova, Victoria Ursu
info@omniscriptum.com

Printed at: see last page
ISBN: 978-620-3-84507-5

Mon Monde Saigne !

Et toi mon peuple, que fais-tu ?

« La plus grande tristesse, le drame majeur de cette société et la plus grande blessure dans ce monde c'est : le manque d'Amour ».

Parole reçue du Seigneur lors d'un moment de prière en juin 2O21

[1]

[1] Sauf indication contraire, les textes bibliques sont tirés de la version Louis Segond

Sommaire

Remerciements

Toute ma reconnaissance va premièrement à l'Auteur de ma vie et au Héros de mes jours, mon maître et mon seul Seigneur Jésus-Christ, qui a ciblé la créature imparfaite que je suis pour l'accomplissement de cette œuvre.

À mes parents, qui sont le canal par lequel Dieu a voulu que j'arrive sur cette terre.

À mes sœurs, Fabienne et Marielle pour leur soutien infaillible dans chaque étape de ma vie.

À ma chère amie et précieuse connexion divine Kèota Dengmanara qui croit en chacun de mes rêves comme les siens.

À ma sœur de cœur Esther Chancia pour sa précieuse aide et son soutien

Et enfin, à tous ceux qui d'une manière ou d'une autre ont contribué à la réalisation de cette œuvre.

Avant-Propos

Au moment où j'écris les premières lignes de ce livre, je ne ressens aucune légitimité en moi pour le faire. Après tout, « Qui suis-je ? », « Pour avoir un message à apporter au monde ? ».

En effet, je ne suis qu'une jeune femme qui s'est sentie tant de fois si limitée dans sa chair. Une jeune trentenaire qui a dû, et ce à plusieurs reprises, apprendre des leçons de la vie au travers des processus de douleurs et de larmes.

Et par-dessus tout, une chrétienne qui durant des années n'a cessé de chercher le but de son existence, se sentant si désorientée de fois, qu'elle n'a pas eu d'autre choix que celui de recourir à la grâce infinie de Dieu pour chaque instant de sa vie. Oui ! C'est mon histoire, et peut-être aussi la tienne !

Cependant, je ne désire qu'une chose aujourd'hui, répondre à cet appel qui me presse au-dedans de moi : celui de partager ce message que Dieu a déposé dans mon cœur. Ces enseignements que j'ai dû commencer à appliquer moi-même! Il m'a alors fallu apprendre à comprendre sa pensée, à rechercher son cœur dans la plus profonde des intimités, à le laisser corriger et redresser tout ce qui était courbé et boiteux en moi. À le laisser briser ma chair, à apprendre à mourir à moi-même et à accepter le chemin de Dieu même lorsque ce n'était pas ce que je désirais. Mais grâce soit rendue à Dieu parce que son amour et sa grâce ont su me conduire à bon port. Je ne prétends pas ici être arrivée, car je sais qu'il y a encore des choses à apprendre à ses pieds, et je me réjouis à l'avance pour cela. Puisse-t-il plaire à mon Dieu de continuer de briser ce qui est de la chair, afin que rien ne subsiste en moi.

L'un des passages de la Bible qui me porte le plus en ce moment, ce sont ces paroles profondes de l'apôtre Paul dans l'épitre de 1 Corinthiens où il déclare :

« ***Par la grâce de Dieu je suis ce que je suis, et sa grâce envers moi n'a pas été vaine***... » 1 Corinthiens 10 :15

Pour moi, la grâce de Dieu est donc son amour envers moi et envers chacun de nous. C'est pourquoi, tout au long de ce livre vous verrez très souvent revenir le mot « amour ». Je sais que ce mot peut revêtir plusieurs définitions ou encore différentes compréhensions selon nos cultures, nos conceptions et nos idéologies. Toutefois pour mieux le contextualiser, sachez qu'il se rapporte à l'amour de Dieu pour nous et à la manière dont Il nous invite à aimer notre prochain à chaque fois que je l'aborderai dans mes écrits.

D'après Greg Herrick : « ***l'amour de Dieu est brillamment manifesté dans sa grâce à l'égard des indignes pêcheurs. Et c'est cela que l'on appelle la grâce : l'amour de Dieu découlant librement vers l'homme blessé*** »[2]

L'amour et la grâce de Dieu s'avèrent alors être indissociables, car c'est son amour à notre égard qui nous fait bénéficier de sa grâce. L'amour de Dieu peut donc être palpable mais aussi revêtir une forme. Je ne sais pas ce qu'il en est de toi, mais toutes les fois où j'ai eu besoin du soutien

[2]Greg Herrick « Une grâce merveilleuse : l'amour de Dieu rend libre. » www.bible.org 2003

de Dieu dans ma vie, Dieu me l'a souvent envoyé au travers d'une personne.

Tu te demandes certainement où est-ce que je souhaite en venir ? Je veux juste te rappeler, que c'est « **TOI** » que Dieu utilisera pour manifester et donner de l'amour à une personne ! Ce n'est que par « **TOI** », que Dieu passera pour redonner du sourire à une personne ou atteindre une âme perdue dans ce monde. Si et seulement si « **TU** » te disposes et « **TE** » laisse être utilisé par Lui.

Cela revient donc à savoir être tourné vers les autres et à faire aux autres ce que tu aurais aimé que l'on fasse pour toi. Comme je l'ai déjà souligné plus haut, je partagerai avec toi au travers des pages de ce livre les différents enseignements que le Seigneur m'a donnés, dont l'un des plus durs à accepter a été : « Faire aux autres ce que j'aurais aimé que l'on fasse pour moi ».

J'espère donc parvenir à te transmettre quelque chose sur l'Amour, au travers des pages qui suivront. Non cette conception de l'amour qui consiste à être centré sur soi-même, ou alors à tout ramener à soi. Mais le vrai ! Celui qui transforme un cœur, qui guérit une âme brisée et qui redonne espoir à celui qui n'avait plus d'espoir. Cet amour que Dieu seul est capable de nous donner d'expérimenter, mais aussi de partager. Cet amour que nous pouvons tous manifester, en apportant de la lumière dans ce monde, en étant une extension des bras de Dieu sur cette terre et la réponse à la prière d'une personne. Bref, l'amour tel que Dieu le conçoit.

Mon seul désir est que : parents, enfants, jeunes filles, jeunes hommes, vieillards, célibataires, mariés, veufs et divorcés, en tenant ce livre, vous compreniez la profondeur de l'amour de Dieu pour vous premièrement ; et que par la suite vous deveniez vous-mêmes des instruments dans la main de Dieu qui atteindront vos familles, vos proches, votre entourage et pourquoi pas ce monde par cet amour.

Pour vous Pasteurs et bergers du troupeau qui êtes des hommes et des femmes de Dieu pour lesquels j'ai une grande estime, je prie que ce message fasse écho dans vos cœurs afin de le partager au sein de vos communautés.

Puisse alors le Seigneur m'accorder toute sa capacité et ne faire de moi qu'un instrument dans sa main afin de parvenir à accomplir pleinement et fidèlement cette œuvre qu'il me confie.

Préface

La société ou encore le système de ce monde a pour objectif de nous transformer et nous déguiser pour que nous lui ressemblions. Et pour cela, tout est en œuvre pour voir les hommes, les femmes et enfants, emportés par ce vent. Ainsi de nos jours, les familles vivent un modèle de vie ‘‘Du Temps’’

Nous devons réveiller notre attention sur les véritables attentes du Seigneur dans nos vies, car pour Dieu, ce qui compte c'est le niveau des transformations qui s'opèrent dans nos vies et qui produisent une génération à la ressemblance de Christ ; car : « ***Il doit-être connu que je suis un disciple de Christ, par mon attachement et ma consécration à Dieu et à sa Parole, par la transformation de mon caractère, et par le fruit des gens vers lesquels, j'apporte un minimum d'influence positif, et qui suivent le Seigneur Jésus-Christ.*** »

Certainement, voilà la raison d'être de cet ouvrage. Autrement dit, une sorte de tentative de partager avec les autres une expérience personnelle, qui a fortement poussé l'auteure, Axelle NGONO à se plier à cet exercice.

“Tu me fais connaître le chemin qui conduit à la vie. Quand tu es là, la joie déborde, auprès de Toi, le bonheur ne finit pas!” **Psaumes 16. 11**

Chaque année des milliers d'ouvrages sont publiés avec comme thème le « bonheur ou la joie » et la tendance augmente rapidement selon les statistiques. Serait-ce parce que nous sommes assoiffés de bonheur qui semble de plus en plus difficile à trouver ? **« Mon Monde Saigne ! Et toi mon peuple, que fais-tu ? »**, c'est le titre de ce livre.

Trouvons quelques pistes afin de donner du goût à cette aventure dans la découverte de cet ouvrage. (Ils ont dit, après avoir observé)

Carlin Flora a écrit : *"Dans une certaine mesure nous sommes devenus de plus en plus tristes et stressés alors que dans les mêmes années un mouvement de recherche du bonheur se développait partout dans le monde."*

Le professeur Laurie Santos qui dirige le cours Intitulé "Psychologie et la belle vie" à la prestigieuse université de Yale aux Etats-Unis, explique : "Les étudiants veulent du changement, ils veulent connaître le bonheur personnel et changer la culture qui règne dans les universités."

CS Lewis pensait que les plaisirs du monde dans lequel nous vivons n'ont pas pour fonction de nous satisfaire, mais de nous renvoyer à la source du vrai bonheur. Et quelle **est-elle ? David l'avait reconnue** ***: "Heureux ceux qui savent t'acclamer, Seigneur ! Ils marchent à la lumière de Ta face. Ils dansent de joie, car Tu es leur Dieu" (Psaumes 89. 15-16).***

“Le bonheur pour vous et moi, croyants, n’est-il pas de fixer nos regards sur le visage de Dieu, en Jésus-Christ, et de marcher sur son chemin de lumière, de vie et de justice ?” (Citation de Derwin Grays)

L’université de Bristol en Grande-Bretagne, offre un cours de douze semaines complètes intitulé : “Comment trouver le bonheur” qui explore des sujets comme la psychologie ou les neurosciences afin d’étudier les différentes méthodes permettant de trouver le bonheur.

Jamais dans le passé les gens ne se sont sentis aussi malheureux qu’aujourd’hui. Cette poursuite du bonheur peut-elle vraiment être satisfaite ? Avons-nous été créés pour rechercher le bonheur ? La réponse est la suivante : ***Le nouveau ne vient que d'en haut. C’est ce que l’auteure a découvert et souhaite partager avec nous. Merci de continuer la lecture, afin que cette découverte soit également votre partage.***

Pasteur Raymond KOFFI

Pasteur de l’Eglise Nationale Baptiste du Cameroun (EBNC), assemblée locale vallée D’Eschcol

Introduction

Je me souviens encore parfaitement de ce moment de prière où j'avais entendu le Seigneur me dire : « ***La plus grande tristesse, le drame majeur de cette société et la plus grande blessure de ce monde : c'est le manque d'amour*** ». C'était l'une des sensations les plus bizarres que j'ai eu à ressentir dans un moment de prière. L'atmosphère de ma chambre était devenue si lourde ! Je n'avais pas vu le Seigneur, je n'avais eu aucune apparition, mais je sentais mon cœur entrer dans une telle tristesse, qu'on aurait dit qu'un énorme fardeau venait d'être jeté sur lui. Dans les minutes qui ont suivi, j'ai alors successivement entendu : « ***L'amour sera toujours plus grand que la haine*** » et « ***Tout homme mérite d'être aimé malgré ses fautes et ses imperfections*** ». Ensuite, plus rien ! Silence radio !

Je ne saurais dire si cette sensation était une imagination de ma pensée, ou alors un moment d'égarement pendant ma prière m'ayant conduit à vivre cette expérience. Tout ce dont je suis encore sûre aujourd'hui, c'est que ce moment demeure aussi réel dans ma pensée comme le fait de savoir comment je m'appelle.

J'ai alors cherché par la suite dans mes moments de prière à revenir sur ce sujet, à comprendre pourquoi le Seigneur m'avait adressé ces paroles, mais Il semblait avoir tourné la page. C'est ainsi que j'ai passé des semaines troublée dans mon esprit par cette sensation. Je vous raconterai donc progressivement dans ce livre, les épisodes qui ont suivi et qui m'ont conduit à la rédaction de ce message.

Tout a alors réellement commencé ce matin de juin 2021, alors que je venais d'allumer ma télévision pour regarder quelques informations. A la une des titres, une jeune femme de 33 ans venait d'être battue à mort par son conjoint dans la commune de Douai en France.[3] Dans la continuité des informations, un autre titre qui heurte les mœurs « ***Agression d'un livreur et insultes racistes dans la ville de Cergy en France*** ».[4]

Je crois qu'en mentionnant ces faits, je ne vous apprends rien de nouveau. Nous sommes tous témoins et parfois même spectateurs du mal qui accroît dans nos rues, des actes de barbarie et de criminalité qui ne cessent de polluer ce monde ; de la recrudescence de violence et de haine qui envahit nos jeunes, nos villes et nos nations. Le temps et l'encre me manqueraient donc s'il fallait également citer ici : l'agression du jeune Yuriy par d'autres adolescents dans les rues de Paris en janvier 2021 ; l'incendie de Perpignan déclenché par un ex-conjoint qui a coûté la vie à une femme de 55 ans en mars 2021, l'épisode de Samuel Paty enseignant décapité dans les rues du Conflans-Sainte-Honorine en 2020[5] et j'en passe.

Ce n'est pas que ces situations n'existaient que depuis ce jour-là, mais c'est ce matin-là que Dieu avait décidé de me parler, de me faire

---

[3]Article du journal le parisien https://www.leparisien.fr/faits-divers/douai-une-femme-succombe-a-ses-blessures-son-concubin-place-en-garde-a-vue-31-05-2021-NUVLRLGSAZHDXFPSJ6VXTNTTRA.php

[4] Article du 01-06-2021 Paris-Match https://www.parismatch.com/Actu/Societe/Agression-d-un-livreur-et-insultes-racistes-a-Cergy-une-enquete-ouverte-1740547

[5] France infos https://www.francetvinfo.fr/faits-divers/terrorisme/enseignant-decapite-dans-les-yvelines/

ressentir une infime partie de sa douleur face à ce monde qui se meurt. Et je crois sincèrement que mon ressenti n'était que le ''un millième'' de sa véritable peine. Car aucun cœur humain ne peut réellement partager ses fardeaux.

J'ai alors entendu ce matin-là, prostrée devant ma télévision « ***Mon monde saigne ! Et toi mon peuple, que fais-tu ?*** ».

Que dirais-je alors ? Loin de moi le leurre de prétendre que ce que j'écris dans ce livre sera la panacée qui suffirait à éradiquer ce mal qui fait de nos rues, de nos quartiers et de nos villes le lieu de prédilection de sa course. Cependant, j'ai la ferme conviction que notre Seigneur, souhaite encourager son peuple à jouer sa partition au milieu de ce chaos. Encourager son église à prendre ses responsabilités en main afin de remplir son rôle de sentinelle et de lumière dans ce monde.

Je sais que certains de nos pasteurs se sentent déjà concernés ; du moins, Dieu a su me donner des exemples véritables d'hommes et de femmes de Dieu dont je crois que chaque battement de cœur soupire après le salut de ce monde ; et je suis convaincue qu'il y en a pleins d'autres. Mais ce que je recevais dans mon esprit à ce moment précis : c'est qu'il n'est pas seulement question de ses serviteurs[6] mais que notre Dieu a besoin que son peuple[7] tout entier se lève.

C'est à cet instant précis, que j'ai alors reçu la conviction intérieure de mettre par écrit la suite de cette aventure qui j'en étais convaincue débutait avec Dieu.

---

[6] Pasteurs, responsables d'église ou de ministère

[7] Jeunes chrétiens, non responsables, chrétien d'un jour ou de dix ans. Tous sans exception !

Dieu pousserait-il la hardiesse assez loin en me demandant de transformer ces écrits en livre ? A ce stade, je n'en savais rien mais je me devais tout simplement d'obéir.

Chapitre 1 : Et toi mon peuple, que fais-tu ?

« Je cherche parmi eux un homme qui élève un mur, qui se tienne à la brèche devant moi en faveur du pays, afin que je ne le détruise pas ; mais je n'en trouve point » Ezéchiel 22 :30

Le 28 mai 2021, lors de cette soirée de prière, l'on pouvait ressentir la présence du Saint-Esprit à des kilomètres. Il était bien présent ! La preuve, moi qui avais suivi ce moment de prière au travers de mon écran, Il n'avait pas manqué de m'inonder de sa présence dans ma chambre (Rires) (ah oui ! toujours ma chambre). C'était l'un des premiers moments où, après la Covid 19 le peuple de Dieu se rassemblait en présentiel pour un moment de prière. Après un temps d'adoration et de prière en langue[8], un silence se fit. Et dans cette atmosphère chargée de la présence de Dieu, j'entendis l'orateur dire:

« *Le Seigneur Jésus pose cette question ce soir :* ***Qui enverrai-je ? Qui se tiendra pour Moi dans cette génération, dans ce temps, dans cette saison et dans ce monde ?*** » ; Je me souviens avoir répondu dans un élan de prière là où je me trouvais : « ***Seigneur, Tu n'es pas un Dieu sans enfants ! Tu as un peuple, nous voici envoie-nous et nous nous tiendrons pour Toi au milieu de notre génération*** ».

Pour ma part, j'avais fait cette prière mais sans plus. J'étais une chrétienne aimant Dieu, aimant servir, prier et évangéliser et cela était suffisant pour moi. Y avait-il besoin de plus ? A mon avis. N.O.N !

[8] Selon Wikipédia, c'est le fait de parler ou de prier à haute voix dans une langue ayant l'aspect d'une langue étrangère, inconnue de la personne qui parle, ou dans une suite de syllabes incompréhensibles.

Mais vous vous doutez bien que le Seigneur n'était pas du même avis. C'est alors qu'au travers du Saint-Esprit, le Seigneur a commencé à m'enseigner. L'une des premières paroles que j'ai reçues à cet instant était la suivante : ''le peuple que Dieu utilise est un peuple mature. Ce sont des hommes et des femmes sur qui Dieu sait pouvoir compter en toute circonstance. Ce ne sont pas des hommes ou des femmes facilement offensables, qui abandonnent l'œuvre à la moindre adversité, qui laissent tout en plan parce qu'ils ne se sentent pas reconnus.'' Dieu ne confiera jamais son œuvre dans les mains de tels Hommes.

Je n'ai pas à cœur de m'attarder sur cet aspect, car je pense que Dieu a donné une plus grande révélation à d'autres à ce sujet. D'ailleurs, je vous encourage à écouter un message qui m'a vraiment bénie « Le leadership préventif : Grandeur et motivation »[9] du pasteur Éric Naegele. Il parle dans ce message des motifs sous-jacents avec lesquels nous servons souvent Dieu et prend pour exemple la vie des disciples, de ceux-là même qui ont accompagné le Christ tout au long de sa mission sur terre. Cela a été très instructif pour moi de voir comment il a abordé :

D'une part, la notion d'être premier, sous le prisme de l'exemple donné par Jésus-Christ lui-même. Lorsqu'Il a répondu à ses disciples que celui qui voulait être le plus grand devait être le serviteur de tous.

D'autre part, des notions telles que le silence de l'écoute et celui du changement. Le pasteur Naegele établit la différence entre les différents

[9] Vidéo YouTube à retrouver sur le site de Paris Centre Chrétien https://youtu.be/sbrDF3_lO7k

types de silences que nous pouvons manifester lorsque Dieu nous parle, ou nous réprimande. L'un nous conduit au changement, c'est celui qu'il qualifie de silence du changement, mais l'autre non et il qualifie ce dernier du silence de l'écoute.
Cette écoute n'est donc pas active mais plutôt passive et de ce fait ne conduit pas au changement.

Pour le salut de ce monde, notre Dieu a donc besoin d'un peuple. Mais pas juste d'un peuple, mais d'hommes et de femmes obéissants. De véritables disciples soumis et qui acceptent le chemin du brisement et de la mort à eux-mêmes. Une armée qui se lève pour agir avec Lui et non des chrétiens enfants, vaincus ou encore remplis d'eux-mêmes.

Et si l'on prenait l'exemple de David ?

On le sait tous et l'on a très souvent l'habitude de déclarer David comme étant l'homme selon le cœur de Dieu. Dieu lui-même dans sa grandeur a rendu ce témoignage à son sujet : « ***J'ai trouvé David, fils d'Isaï, homme selon mon cœur, qui accomplira toutes mes volontés*** »[10]

L'un des premiers points que je souhaite relever dans cette affirmation, c'est que Dieu savait que David accomplirait « **Toutes ses volontés** ».

Le verset ici est clair, il s'agissait des volontés de Dieu et non celles de David. On pourrait alors en déduire que David fut obligé de mettre ses propres volontés de côté au profit de celles de Dieu. Les exemples de la dépendance et la soumission totale de David à Dieu sont multiples

[10] ACTES 13 :22

dans la Bible. David ne faisait rien sans se rassurer de l'approbation de Dieu ; nous pouvons le remarquer dans plusieurs passages de la Bible telles que : 1Samuel 23 : 2-4 ; 1Samuel 30 :8 ; ou encore 2Samuel5 :19. Ces textes nous montrent un David soucieux de la recherche de la volonté de Dieu.

En poussant le bouchon un peu plus loin, peut-être avait-il calqué sa prière sur celle de Jésus à savoir : ***''toutefois non pas ma volonté mais ta volonté Seigneur''***. Ce que je souhaite souligner, c'est que ce texte nous révèle un état d'abandon et de brisement que David avait atteint à l'égard de Dieu. Ce n'était plus sa volonté qui prédominait mais celle de Dieu. Ce n'étaient plus ses intérêts qui passaient avant, mais ceux de Dieu. Plus encore, David devait certainement soupirer après Dieu tous les matins pour savoir « **où** » Dieu avait-il besoin de lui et « **comment** » pouvait-il agir pour accomplir sa volonté.

Combien sommes-nous aujourd'hui moi y compris à désirer connaître ce que Dieu souhaite accomplir avec nous ? Combien sommes-nous à rechercher la face de Dieu pour savoir quels sont les besoins de son cœur ? Je ne parle pas ici d'un épanouissement personnel (carrière, business et entreprise) bien que ces choses soient bonnes. Ne me méprenez pas. Je parle de cette chose dont ton seul profit ou bénéfice, sera la satisfaction du cœur de Dieu.

Le second trait de caractère de David sur lequel le Seigneur a attiré mon attention, c'est qu'il était un homme qui ne supportait pas la vue de l'injustice encore plus quand elle était dirigée vers son Dieu ou son peuple. La Bible nous relate dans le livre de Samuel,[11] qu'il eût un philistin nommé Goliath qui avait mis l'armée d'Israël au défi de trouver un homme, qui pourrait l'affronter et de surcroît qui insultait l'armée de Dieu. La réaction de David a été de poser la question : ''***Qui est donc ce philistin, cet incirconcis pour insulter l'armée du Dieu vivant ?***'' Vous trouverez cette portion spécifique de l'écriture au verset 26 de 1 Samuel 17. Et la suite on la connaît ! David a affronté ce philistin ; et juste à l'aide d'un bâton et d'une pierre polie, David a pu tuer Goliath et libérer le peuple d'Israël. Dieu ne cherche pas les ''supers héros'' tels qu'on le voit dans les films, ou des hommes remplis de muscles. Si un tant soit peu cela avait été le cas, il n'aurait jamais utilisé un minuscule David face à un géant Goliath. Ce que Dieu regarde c'est notre disposition de cœur, notre désir de nous tenir pour la vérité, de défendre les principes du royaume. Notre détermination à devenir partenaire avec le Saint-Esprit pour que le royaume de Dieu soit proclamé.

Allons-nous répondre à son appel ?

Dans toute l'histoire de la bible, notre Dieu n'a jamais exclu un homme parce qu'il se sentait incapable ou trop petit. Nous pouvons mentionner de nombreux exemples (Gédéon, Moïse) et de nombreux autres hommes qui ont à chaque fois rétorqué : Qui suis-je ? Quelle est la maison de mon père ? Ma famille est la plus petite tribu d'Israël ou encore Seigneur tu sais que je n'ai pas la parole facile etc…

[11]Livre de 1 Samuel 17

Mais cela n'a pas empêché Dieu de les utiliser puissamment. Il agit encore de même aujourd'hui, alors acceptons juste de lui dire ***«Oui !»*** Et Il se chargera du reste.

Lorsque le prophète Esaïe avait rencontré le Seigneur, il n'était pas un homme parfait mais il avait choisi de répondre : « ***Me voici, envoie-moi*** ». Cette histoire se trouve dans Esaïe 6 : 1-8. On peut constater en parcourant l'histoire que la première réaction du prophète avait été de dire : ***« Malheur à moi ! Je suis perdu, car je suis un homme dont les lèvres sont impures, j'habite au milieu d'un peuple dont les lèvres sont impures et mes yeux ont vu le Roi, l'Eternel des armées.*** » Esaïe 6 :5

Ensuite, quelques versets plus loin, au verset 8 plus exactement il semble avoir laissé tomber sa peur et ses doutes et on l'entend dire : ***« Me voici, envoie-moi ».***

Que s'était-il alors passé ? Esaïe avait compris que celui qui l'appelait était capable de le rendre digne de la tâche et la mission à laquelle il l'appelait. Parfois, on se sent incapable, trop petit ou alors trop occupé à autre chose pour répondre à l'appel de Dieu.

Mais nous oublions très souvent que, dans l'histoire de manière générale, et dans celle de toute génération ou famille en particulier, Dieu se réserve toujours des hommes et des femmes pour changer l'histoire d'un peuple, d'une nation ou l'ADN d'une famille.

C'est l'histoire de notre Seigneur Jésus ! Esaïe 9 :5 déclare : « **Car un enfant nous est né, un fils nous est donné et la domination reposera sur son épaule ; on l'appellera *Admirable, Conseiller, Dieu puissant, Père éternel, Prince de la paix.*** »

C'est l'histoire de nos pères dans la foi à l'exemple d'Abraham, Moise, David, Joseph, Esther, Déborah qui ont tous mis leur foi en Dieu pour changer l'histoire du monde, de leur époque, de leurs peuples, de leurs familles et de leur génération. Vous pourrez découvrir la foi fascinante de certains héros de la foi dans le livre d'hébreux.[12]

C'est l'histoire des grands serviteurs de Dieu tels que : Reinhard Bonnke grand évangéliste des nations, Pasteur Selvaraj Rajiah bâtisseur de la grande église de Foi Paris Centre Chrétien en France. Et cela peut également être ton histoire, si tu décides de répondre à son appel.

Dieu agit dans chaque saison, avec ce fils ou cette fille qui ose croire en Lui, qui ose marcher avec Dieu et embrasser le défi de la foi. Avec des hommes et des femmes qui osent aller au-delà des limites jusque-là observées par leurs ancêtres. Des personnes qui osent passer au travers des miroirs de blocages et qui refusent de se résigner. Des jeunes hommes et femmes qui refusent d'accepter une histoire remplie d'humiliation ou une ADN de pauvreté. Un peuple qui ose croire, espérer et obéir à Dieu pour que les choses changent. Souvenons-nous un seul instant de la prière de Jaebets qui avait crié à Dieu. Il demanda ainsi à Dieu d'étendre ses limites et de mettre sa main sur lui et nous voyons bien que Jaebets fut exaucé par Dieu.[13]

Une fois de plus, le seul but ici est de nous encourager à donner la main d'association à Dieu et d'accepter d'être partenaire avec le Saint-Esprit pour l'œuvre du Seigneur dans ce monde. C'est aussi un appel à

---

[12] Hébreux 11 : 32-40

[13] 1 Chroniques 4 : 10

nous sentir suffisamment concernés par rapport à ce qui se passe autour de nous, à prier le Père pour qu'il fasse de nous l'Eglise dont ce monde a besoin. Des disciples de Christ qui plantent des semences de vie tout au long du chemin. Des hommes et des femmes animés de la passion des âmes et qui soupirent après Dieu pour le Salut de ce monde.

En conclusion, nous devons chacun à son niveau et à la dimension à laquelle le Seigneur l'appelle, jouer sa partition afin qu'ensemble et surtout en tant qu'Eglise de Christ n'être ni passifs ni indifférents face à ce monde qui saigne.

Chapitre 2 : Anticiper

Alors que j'étais tenue devant ma télévision ce matin de juin 2021, je n'avais cessé de demander à Dieu, Seigneur comment ? Que pouvons-nous faire ? Comment allons-nous empêcher ces choses d'arriver ? A ce moment, le seul verbe qui est venu fortement dans mon esprit était : « **A.N.T.I.C.I.P.E.R** »

Anticiper ? Mais qu'est-ce que cela signifie Seigneur ? La seule explication qui m'est venue à l'esprit est la suivante *toutes ces personnes que vous voyez aux informations pour avoir commis un forfait, sont des personnes qui vivent au milieu de vous. Il se peut que vous les ayez croisés un jour dans un métro, dans une boulangerie, près d'une gare ou n'importe où. C'est à cet instant précis que vous auriez pu être l'un des acteurs qui changerait l'histoire d'un homme, d'une famille ou de votre nation. C'est là qu'intervient l'évangélisation qui vous permet de dévier, mieux encore d'**anticiper** les actions des hommes, en leur donnant ce que vous avez d'unique à savoir Jésus.* C'est à ce niveau que commence la mise en pratique du plus grand commandement du Seigneur Jésus-Christ, celui d'aller et faire de toutes les nations des disciples.

Quand Dieu anticipe

Le Saint-Esprit m'a alors rappelé l'exemple de Saul de Tarse. Ce que je vais décrire dans les lignes qui suivent se trouve dans le chapitre 9 du livre des Actes des Apôtres.

Saul de Tarse était l'un des persécuteurs de l'Église de Jésus-Christ à son époque, qui avait pour mission soit de joindre son approbation pour l'exécution des chrétiens, soit de les amener liés pour la sentence finale. Un jour, respirant encore le meurtre, il était en chemin pour Damas avec pour but d'apporter des lettres dans les synagogues de cette ville. Afin que s'il s'y trouvait un chrétien, que ce dernier soit amené lié à Jérusalem pour être tué. C'est alors que le Seigneur Jésus décida d'**A.N.T.I.C.I.P.E. R** sur les actes de Saul pendant qu'il était sur le chemin qui le menait droit vers son forfait.

C'est exactement dans ces mots que la Bible nous relate l'intervention de Jésus : « ***Comme il était en chemin, et qu'il approchait de Damas, tout à coup une lumière venant du ciel resplendit autour de lui. Il tomba par terre, et entendit une voix qui lui disait : ``Saul, Saul, pourquoi me persécutes-tu ?*** » Saul répondit alors : « ***Qui es-tu Seigneur ? Et le Seigneur dit : je suis Jésus que tu persécutes. Il te serait dur de regimber contre les aiguillons*** ». Et si nous continuons à lire toute l'histoire de Saul de Tarse qui est devenu par la suite le grand apôtre Paul, nous constaterons alors que cet homme meurtrier et assoiffé de voir le sang des saints couler avait du jour au lendemain abandonné ses projets machiavéliques pour consacrer sa vie à l'œuvre de Christ.

Lorsque Jésus rencontre un homme sur le chemin de son agenda malsain, un criminel peut alors devenir un apôtre. Lorsqu'il entre dans une vie et dans un cœur, un homme vindicatif se transforme en un homme rempli d'amour, une prostituée prend part à l'héritage du royaume, une délaissée devient une bien-aimée. Car il n'y a que la révélation de l'Amour de Jésus-Christ qui transforme réellement une vie. Et c'est là toute la puissance de l'évangile !

L'évangile qui est revêtu de puissance, c'est donc celui qui amène les personnes à la rencontre d'un Jésus réel. Un Jésus capable de toucher leurs cœurs et les amener à réaliser la misère de leurs péchés au point de fléchir le genou instantanément. Pour cela, il faudrait que ceux qui annoncent l'évangile vivent l'évangile et que leurs vies portent la marque d'un Jésus réel.

Je crains donc que nous soyons dépossédés aujourd'hui de la puissance que revêtait l'évangile qu'ont porté les apôtres. Je le dis à ma honte et c'est le genou fléchi, implorant le Seigneur sur ma propre condition que j'écris cette partie. Avons-nous déjà réfléchi aux interrogations suivantes :

Pourquoi nos rues ne sont-elles plus inondées de véritables conversions comme au temps des apôtres ?

Pourquoi nos efforts à évangéliser aujourd'hui portent-t-ils si peu de fruits ?

Pourquoi notre évangile est-il dénué de puissance ? Pourtant nous lisons ces paroles dans la bible : « ***Et ma parole et ma prédication ne reposent pas sur les discours persuasifs de la sagesse, mais sur une démonstration d'Esprit et de puissance*** [14]» ou encore : « ***Car le royaume de Dieu ne consiste pas en paroles, mais en puissance*** [15]»

Les disciples étaient des hommes de la même nature que nous, ayant accès au même Saint-Esprit auquel nous avons accès aujourd'hui.

---

[14] 1 Corinthiens 2 : 4
[15] 1 Corinthiens 4 :20

Pourtant, l'on pouvait compter en centaines, quelquefois en milliers les fruits qu'ils portaient. Faisons un tour dans la Bible ! Dans le livre des Actes des apôtres au chapitre 2, il nous est rapporté l'histoire suivante : le jour de la Pentecôte, les disciples étaient rassemblés dans un même lieu, c'est alors qu'ils furent remplis du Saint-Esprit et se mirent à parler en d'autres langues. Coup de chance ou pure hasard, il se trouvait dans le même lieu « ***des juifs et des hommes pieux, de toutes les nations qui sont sous le ciel***[16] ». Ces hommes pensaient alors que les disciples étaient ivres et n'émissent aucune gêne à se moquer d'eux. C'est alors que Pierre accompagné des autres disciples éleva la voix, je dirai de manière plus pratique, qu'il décida d'évangéliser. Il parla alors de Jésus à ces hommes, résultat : environ trois mille âmes sauvées.

On peut alors se dire ici, mais c'était un jour spécial, celui de la Pentecôte et le Saint-Esprit était à l'œuvre, ça n'arrive quand même pas tous les jours ? Voici ce qu'il faut comprendre, ce n'est pas tant le nombre qui compte pour Dieu, mais la qualité du fruit que nous portons et combien nous laissons le Saint-Esprit agir au travers de nous. Les apôtres auraient pu continuer de se délecter de leur parler en langue et de l'expérience qu'ils vivaient avec le Saint-Esprit, laissant ces hommes dans leur moquerie et leur confusion. Au contraire, ils ont choisi d'offrir une occasion au Saint-Esprit d'agir dans la vie d'autres personnes.

Ils n'ont pas agi comme la plupart des chrétiens aujourd'hui qui se contentent d'être sauvés, qui se réjouissent de leur parler en langue, du

---

[16] Actes 2 : 5

fait d'être entre eux dans leurs églises. Demandant à Jésus d'aller faire le job pour eux auprès des perdus.

T.L Osborn disait dans son ouvrage[17] « Gagneurs d'âmes » : « ***Le Saint-Esprit n'est pas un messager céleste à envoyer accomplir notre mission dans la vie. Il agit maintenant au travers des croyants. C'est nous qui sommes son temple aujourd'hui. Il se déplace parmi les gens quand nous le faisons. C'est par nous et en nous qu'il agit.*** »

A la lumière de 2 Corinthiens 5 : 20 qui nous rappelle que nous sommes des ambassadeurs pour Christ, Taylor Osborn nous appelle à être les lèvres, les mains, les yeux, les bras que Jésus utilise pour toucher le monde autour de nous. Car dit-il, « ***le Christianisme, c'est Christ qui vit, aujourd'hui en et par des personnes comme vous et moi*** ».

Dieu s'attend donc à ce que nous lui permettions d'anticiper dans la vie des gens comme il l'a fait pour l'apôtre Paul, afin qu'Il puisse encore agir avec puissance.

Dieu cherche un peuple

Tous ces constats devraient donc nous amener à revenir aux pieds du maître. J'ai, tu as, besoin de retourner auprès Dieu, afin de soupirer après Lui pour qu'Il envoie des ouvriers. Mais non pas juste des ouvriers, plutôt des hommes, des femmes et des jeunes gens qui paieront le prix pour porter un fruit abondant. Cela demande de la prière, des cris, des larmes, du brisement, de la séparation mais aussi de l'obéissance. Trouvera-t-il alors un peuple prêt à consentir les sacrifices nécessaires, pour que ce monde soit changé, pour que le mal qui

---

[17] T.L Osborn « Gagneurs d'âmes », Edition Osfo, (2000)

s'installe dans notre société recule ? Pour que les hommes retournent à leur Créateur ?

« ***Si mon peuple sur qui est invoqué mon nom s'humilie, prie, et cherche ma face, et s'il se détourne de ses mauvaises voies, je l'exaucerai des cieux, je lui pardonnerai son péché, et je guérirai son pays.*** » 2 Chroniques 7 : 14

Je crois que c'est l'occasion propice pour moi, de partager ces mots de Duncan Campbell, (l'un des hommes qui a participé au réveil des Hébrides[18] dans les années 1900) adressés à John Wesley Adams, qui les a soigneusement reportés dans son livre « Dieu, le Feu et le Réveil ». Il a donc dit ce qui suit : ***Il n'y a pas de mystère mais il y a un secret. Si Dieu trouve un peuple là-bas, prêt à payer le prix comme les gens d'ici, Il viendra leur apporter le même réveil de puissance***. Fin de citation ! Cette parole est si forte et nous fait comprendre que ce n'est que notre faim et soif de Dieu, nos soupirs et le prix que nous accepterons de payer qui apporteront le Réveil spirituel[19]et le Salut[20] que nous avons besoin de voir dans ce monde.

Dieu cherche donc un peuple qui saura se dépouiller de lui-même, qui laissera tomber ses intérêts au profit des siens. Un peuple qui acceptera de lutter avec sa dernière énergie pour voir ce monde être changé et les perdus être sauvés. Trois cents vaillants guerriers qui accepteront de poursuivre le combat jusqu'à son glorieux retour.

---

[18] Les Hébrides sont un archipel du Royaume-Uni constitué de deux groupes, Hébrides intérieures et extérieurs séparés par la mer des Hébrides et le little Minch

[19] Selon Wikipédia, le Réveil spirituel est un mouvement social et culturel de renouvellement spirituel visant à « réveiller » une foi assoupie, installée et routinière

[20] Notion spirituelle qui signifie « délivrance et libération » selon Wikipédia

Souvenons-nous ! Gédéon s'apprêtait à partir en guerre contre Madian lorsque Dieu lui indiqua que le peuple qu'il emmenait était trop nombreux[21]. Sous l'instigation de Dieu, Gédéon fit alors passer des tests aux dix mille hommes qui avaient passé le cap d'un premier test. Résultat final ! Trois cents hommes seulement qualifiés par Dieu pour cette œuvre. Ce qui est important ici, c'est de souligner la raison pour laquelle Dieu déclare que le peuple est trop nombreux.

Voici alors ce que dit Dieu exactement : « ***Le peuple que tu as avec toi est trop nombreux, pour que je livre Madian entre ses mains ; il pourrait en tirer gloire contre moi, et dire : « c'est ma main » qui m'a délivré*** ». Ceci nous fait comprendre que le bémol ici, n'était vraiment pas que certains étaient craintifs ou se sentaient faibles (car Dieu est celui qui nous utilise même dans nos faiblesses), ou même encore le grand nombre de personnes que Gédéon avait choisi préalablement. Mais plutôt, les intérêts et les motifs cachés des cœurs. Car la raison que Dieu donne à Gédéon, c'est qu'il pourrait en tirer gloire et dire c'est ma main qui m'a délivré. Certainement parmi les dix mille, plusieurs étaient là pour leur propre gloire, pour être vus et servir leurs propres intérêts. N'oublions jamais que le peuple que Dieu utilise est un peuple humble.

Un autre exemple ! Dans Jean 6 :67 Jésus pose cette question aux douze disciples : ***Et vous, ne voulez-vous pas aussi vous en aller*** **?** Cet épisode intervient après que Jésus eut exposé à ceux qui l'avaient suivi jusqu'ici, ceux qui étaient censés être ses disciples, les conditions dans

---

[21] Juges 7:2-8

lesquelles ils auraient à marcher. La Bible nous dit alors que ces derniers trouvèrent sa parole dure. Certainement parce qu'ils avaient encore trop de « moi » au centre, et que leurs chairs étaient incapables de supporter cette parole.

Prenons pour terminer un dernier exemple, celui du Roi Saül[22]. Saül était un jeune homme oint par le prophète Samuel pour être Roi sur Israël. A cette époque, le peuple d'Israël insistait auprès du prophète pour avoir un Roi qui régnerait sur eux, c'est ainsi que Dieu choisit et désigna Saül issu de la tribu de benjamin, l'une des plus petites tribus d'Israël. Ce dernier était donc le choix de Dieu, établi par Dieu pour servir ses intérêts. Seulement, au cours de son règne, le roi choisit de désobéir[23] à la parole de Dieu pour accomplir sa propre volonté. Ce qui eut pour conséquence sa déchéance et le fait que la royauté ait été ôtée de ses mains pour être confiée à un homme plus fidèle.

« ***Car la désobéissance est aussi coupable que la divination, et la résistance ne l'est pas moins que l'idolâtrie et les théraphim. Puisque tu as rejeté la parole de l'Eternel, il te rejette aussi comme roi.*** 1 Samuel 15 : 23

Soyons conscients que Dieu n'accomplit rien de puissant avec et au travers de la vie d'hommes remplis de chair, d'égo, cherchant leur propre gloire plus que celle de Dieu. Il ne va nulle part avec des hommes ou des femmes qui préfèrent obéir à leurs aspirations plutôt qu'à sa parole. Puisse Dieu nous venir en aide dans le précieux et puissant nom de Jésus.

---

[22] 1 Samuel 9
[23] 1 Samuel 15

Chapitre 3 : L'Amour sera encore la réponse

« ***Or maintenant ces trois choses demeurent : la foi, l'espérance, l'amour ; mais la plus grande de ces choses, c'est l'amour.*** » 1Corinthiens 13 : 13 (version Darby)

L'amour est, et restera de tout temps la réponse qui demeure de toute éternité. Lorsque Dieu cherchait, il y a plus de deux mille ans, la meilleure façon de sauver sa création qui était séparée de lui, il a choisi de nous manifester son amour au travers de la vie de son fils Jésus-Christ. Qui à son tour, a accepté de perdre sa propre vie par Amour. Voilà pourquoi Jésus a lui-même déclaré dans Jean ***« Il n'y a pas de plus grand Amour que de donner sa vie pour ses amis »***.

Le verset le plus important dans la bible à mon avis est le suivant : « ***Car Dieu a tant aimé le monde qu'il a donné son fils unique, afin que quiconque croit en lui ne périsse point, mais qu'il la vie éternelle*** » Jean 3 : 16. Il nous montre donc que le plan de rachat de l'humanité tout entière a commencé par et repose sur un acte d'amour.

La Puissance de l'Amour

Voyez-vous, l'un des combats qui perdure et qui existera de tout temps est celui du bien contre le mal, du royaume de la lumière contre celui des ténèbres ; ou tout simplement de l'Amour contre la Haine. Aussi longtemps que le monde sera monde, et la terre sera terre, ce combat existera de tout temps.

Mais gloire soit rendue à Dieu car la Lumière domine toujours et l'Amour triomphe encore.

Au milieu d'une société remplie de haine, le Jeune pasteur Martin Luther King avait fait le Choix de l'Amour montrant ainsi au travers de sa vie et de ses actes que l'Amour reste et sera à jamais le seul remède face à la cruauté de ce monde. Il dit alors : « ***j'ai vu trop de haine, c'est pourquoi j'ai décidé d'aimer*** ».

De même, notre exemple suprême Jésus-Christ, après avoir subi le plus grand supplice que le monde ait connu et ne connaîtra certainement jamais, a trouvé la force de l'Amour pour s'écrier : ***« Père, pardonne-leur, car ils ne savent pas ce qu'ils font. »***

Quoi d'autre que la puissance de l'Amour, pour sauver notre monde actuel ?
Si l'on revient à notre verset de Jean 3 :16 nous comprenons alors que la puissance de l'Amour nous pousse à nous dépouiller nous-mêmes pour le Salut des autres. Dieu s'étant ainsi dépouillé de son Fils pour le Salut du monde.

Voilà pourquoi, Il est un Dieu Puissant car la puissance de Dieu repose dans son Amour. L'Amour, le Vrai, nous poussera donc toujours dans la plénitude de sa puissance, à nous dépouiller de ce que nous avons de plus cher pour que quelqu'un d'autre soit sauvé. Il nous poussera à nous priver de notre confort et des plaisirs de notre chair pour qu'une âme parvienne au salut. Il n'y a que l'amour qui nous poussera dans les rues à la recherche de ceux-là qui sont perdus.

Et c'est ce que notre sauveur Jésus a fait pour nous. Par son amour, Il a volontairement offert sa vie afin que nous soyons sauvés. Souvenons-nous bien que personne n'aurait pu ôter sa vie, personne n'aurait non plus réussi à le forcer à donner sa vie. Mais c'est par amour qu'Il a choisi lui-même de la donner pour un monde perdu et déchu. Voilà pourquoi Il a déclaré dans Jean 10 :17-18 : « ***Le Père m'aime, parce que je donne ma vie, afin de la reprendre. Personne ne me l'ôte, mais je la donne de moi-même ; j'ai le pouvoir de la donner, et j'ai le pouvoir de la reprendre : tel est l'ordre que j'ai reçu de mon Père*** »

De plus, cette parole de Jésus, nous permet de comprendre que l'amour ne perd jamais. Nous ne sommes jamais perdants lorsque nous faisons le choix de l'amour. Comme Jésus a eu la possibilité de reprendre sa vie, Dieu nous rendra bien plus dans la patrie céleste, et ce que nous aurons perdu sur cette terre parce que nous avons fait le choix de l'amour, nous le retrouverons là-haut.

Allons-nous alors faire le choix de l'Amour au milieu de ce monde sombre ?

L'Amour n'a rien de naturel, il a tout de surnaturel

L'amour n'a rien de naturel, il a tout de surnaturel. Mieux encore, je dirai que l'Amour n'est pas Charnel.

L'une des premières choses à mon sens qu'il faudrait savoir quand on parle de l'Amour, c'est que notre Chair ne peut pas aimer car elle n'en est tout simplement pas capable.

La chair a ses désirs, qui sont totalement opposés à ceux de l'Amour. La chair dira par exemple « **Moi** » quand l'Amour dira « **L'Autre** ». Elle dira toujours « **Je veux** », quand l'Amour dira « **Donne** ».

Voilà pourquoi, il est primordial de comprendre Romains 5 :5 qui dit : ***« Or, l'espérance ne trompe point, parce que l'amour de Dieu est répandu dans nos cœurs par le Saint-Esprit qui nous a été donné. »***

C'est le Saint-Esprit de Dieu en nous qui aime ! C'est lui seul qui nous rend capables d'aimer comme Dieu a aimé et non notre chair. J'aimerais vraiment le redire quitte à ce que ce soit rébarbatif, **l'Amour n'a rien de charnel, il a tout de surnaturel**.

Alors si nous voulons prendre la décision d'aimer les autres comme Christ nous aime, si nous voulons manifester de l'Amour, nous devons apprendre à aimer comme le Saint-Esprit nous guide et nous conduit à le faire.

Je me souviens que parmi mes résolutions de l'année 2021, j'avais décidé d'aimer comme Dieu aime. J'ai alors fait la prière qui va suivre à Dieu :

« Père Eternel, donne-moi d'aimer les autres comme Tu m'aimes avec mes faiblesses, mes limitations ou mes erreurs ;

Je veux aimer comme Tu aimes, je veux marcher dans l'Amour.

Je veux aimer ceux qui ne méritent pas d'être aimés, je veux aimer les bons et les moins bons, je veux aimer les oubliés, les délaissés, les incompris et les rejetés.

Je veux aimer ceux qui me critiquent, ceux qui me rabaissent et même ceux qui me jettent des pierres ;

Père, je veux aimer tout le monde, aimer comme Tu aimes et pardonner comme Tu veux, c'est ma prière à Toi dans le précieux Nom de Jésus-Christ ».

Après cette prière, j'étais alors convaincue que j'étais désormais capable d'aimer et que rien ne pourrait plus m'empêcher d'aimer.

Hélas, c'était sans imaginer que deux jours plus tard, je serais confrontée au sein de ma famille, à une situation qui me ferait me sentir discriminée. Je me rappelle encore parfaitement ce moment où, à genoux dans ma chambre alors que je pleurais devant Dieu pour cette situation, j'ai entendu le Seigneur me dire :

« Ta prière d'aimer les autres comme Christ t'aime, celle d'aimer même ceux qui ne sont pas digne de ton amour commence au sein de ta famille. Ta famille est le premier lieu où tu devras apprendre à pardonner, à aimer par-dessus tout, à garder ton cœur dans la paix et loin de la rancune. »

Je pense n'avoir plus besoin de vous dire que c'est, à mes dépens que j'ai compris que ma chair ne peut pas aimer parce qu'elle n'en est tout simplement pas capable. J'ai alors passé les heures qui ont suivi à implorer le Saint-Esprit de me rendre capable d'aimer et de pardonner comme Jésus le veut et cela demeure ma plus grande prière jusqu'à ce jour.

De plus, j'ai appris par le Saint-Esprit que seul l'amour peut gagner les cœurs. Il n'y a que la manifestation de l'amour qui peut désarmer n'importe quel homme. En tant que chrétiens, nous cherchons généralement à être puissants, à guérir les malades, à chasser les démons etc… Nous consacrons même souvent la plus grande partie de notre vie chrétienne à prier pour obtenir ces choses.

Pourtant, le secret réside dans l'amour. Aimez les gens d'un amour vrai, soyez bons avec les perdus dans vos relations comme le Christ l'est pour vous. Laissez Jésus aimer les gens au travers de vous comme Il le veut. Et vous verrez toute la puissance de Dieu vous accompagner.

Croyez-moi mes frères, notre monde a besoin d'amour et notre rôle à nous c'est d'aimer comme Christ nous a aimés.

Mon soupir à Dieu est que le Saint-Esprit lui-même vous accorde la révélation de ce que j'ai voulu transmettre dans ce chapitre.

« ***Père Éternel, la connaissance ne peut pas nous transformer ou nous changer profondément, mais la révélation de ta parole seule le peut.***

Alors que tu m'as accordée la grâce d'écrire ces quelques lignes, Je te prie maintenant Père, en accord avec ta parole dans le Psaumes 119 : 130, que la révélation de ta parole vienne nous éclairer et donner de l'intelligence aux simples hommes que nous sommes ; afin que nous apprenions à marcher dans l'amour et le pardon pour chaque jour de nos vies ici-bas comme Tu as toi-même marché.

C'est ma prière à Toi pour moi et pour chaque personne qui lira ce livre.* » *AMEN !

Chapitre 4 : Connaître le véritable pour aimer

*« **Celui qui n'aime pas n'a pas connu Dieu, car Dieu est amour.** »* 1 Jean 4 : 8

Vous connaissez probablement cet adage populaire qui dit *«la plus belle femme du monde ne peut donner que ce qu'elle a»* . Il en est de même de l'amour que nous pouvons manifester et donner aux autres. Quelle que soit l'intensité du désir d'un « Homme » à aimer son prochain, tant qu'il n'a pas lui-même connu l'amour, il ne pourra rien donner de plus. Il ne s'agit pas ici d'un amour sentimental, cet amour qui vacille et varie selon les circonstances, cet amour qui aime parce que l'autre en est digne, ou encore cet amour égoïste qui est prêt à devenir obsessionnel. Il est question ici du véritable Amour, de cet amour qui est une personne et qui donne sans rien attendre en retour. Il s'agit ici de l'« A.M.O.U.R » de Dieu qui vient se manifester en nous par Jésus-Christ. *« **L'amour de Dieu a été manifesté envers nous en ce que Dieu a envoyé son fils unique dans le monde, afin que nous vivions par lui.** »* 1Jean 4 : 9

Ce qu'il faut donc comprendre c'est : **qu'il n'y a pas de véritable amour en dehors de Jésus-Christ**. Tu ne pourras jamais connaître le véritable amour, celui dénué de tout intérêt qu'en Jésus. Car il nous a aimé le premier[24]. L'amour, le véritable est donc une personne ! La personne de Jésus-Christ qui a accepté de venir mettre ses mains dans la boue de nos vies pour nous sauver. Qui a accepté de laisser sa gloire

[24] 1 Jean 4 : 19

pour venir nous donner un exemple de vie, de force et de courage sur cette terre. Je disais en introduction de ce livre que l'amour et la grâce de Dieu m'ont toujours été manifestés sous forme de personne. C'est là le cœur même de l'amour de Dieu. Regardons dans le verset qui va suivre comment l'amour de Dieu se décline :

« ***Car Dieu a tant aimé le monde qu'il a donné son Fils unique, afin que quiconque croit en lui ne périsse point, mais qu'il ait la vie éternelle*** » Jean 3 : 16

En analysant ce verset nous pouvons découvrir deux choses : La forme sous laquelle s'est manifestée l'amour de Dieu et la direction que Dieu donne à son amour.

La première partie du verset « ***Car Dieu a tant aimé le monde qu'il a donné son fils unique*** » nous démontre donc que l'amour de Dieu nous a été envoyé sous forme d'une personne à savoir notre Seigneur et Sauveur Jésus-Christ, fils unique de Dieu.

La seconde partie du verset quant à elle souligne en direction de qui cet amour est orienté. Le « ***quiconque*** » ici fait référence à un spectre large ne cantonnant pas ainsi l'amour de Dieu à une catégorie. D'après la version en ligne du dictionnaire français Larousse[25], c'est un pronom relatif indéfini qui est souvent employé dans le sens de : « **toute personne qui** » ou de « **celui** » ou alors de « **qui** ». Il n'est donc pas question ici d'une chose ou d'un objet mais bien de personnes et sans restriction.

---

[25]**https://www.larousse.fr/dictionnaires/francais/quiconque/65692**

Ce verset nous montre que l'amour de Dieu est une personne et que cet amour est en direction des personnes. Si je puis le dire autrement, **la cible de l'amour de Dieu c'est la personne que tu es et que je suis**.

Je me permets alors de faire une pause à ce niveau, pour t'adresser ce mot et te manifester tout mon amour au travers de cette prière.

« A toi mon/ma cher(ère) ami(e)

A toi qui m'es inconnu(e), mais dont je me sens si proche dans mon cœur en ce moment,

A toi ma précieuse sœur/mon précieux frère qui ne t'es jamais réellement senti(e) aimé(e)

A toi qui te demandes où est passé l'amour dans ce monde ?

A toi qui, dans le silence de la nuit, une fois loin de tous les projecteurs, te sens si seul(e).

A toi qui tant de fois t'es senti rejeté(e) et livré(e) par ceux qui étaient censés t'aimer et te protéger.

A toi qui penses que personne ne t'aime.

Je viens m'unir à ton cœur pour élever cette prière à Jésus-Christ :

« Cher Jésus-Christ, je sais désormais que tu es celui qui m'aime et que tu m'as aimé le premier. Je sais désormais qu'il n'y a pas de véritable amour en dehors de Toi.

Je viens remettre entre tes mains ce vide que je ressens au fond de moi, toutes ces larmes qui coulent de mes yeux et je te demande pardon de ne t'avoir pas laissé m'aimer tel que Tu le voulais.

Je décide de t'ouvrir mon cœur et de te laisser venir remplir ma vie. Je décide de m'asseoir à tes pieds pour bénéficier de ton amour et te laisser me parler.
C'est avec un cœur sincère que je te fais cette prière alors, viens Jésus. Amen ! »

Faire aux autres ce que j'aurais aimé que l'on fasse pour moi

C'est l'un des enseignements que j'ai appris après beaucoup de larmes et de frustrations. Nous devons comprendre que l'amour de Dieu n'a rien de nombriliste ou d'égocentrique. L'amour de Jésus à la croix ne s'est pas écrié « Père, moi, moi et encore moi » et la vie de Jésus-Christ sur la terre n'a pas été centré sur lui-même mais plutôt sur les autres.

L'amour et la grâce de Dieu manifestés envers nous doivent nous pousser à vivre selon son modèle. A faire couler cet amour et cette grâce sur la vie des autres.
N'est-ce pas beau de se rendre compte qu'il y a une cause au-delà de notre vie, de nos intérêts et de notre ''moi'' ?

Pendant très longtemps, j'ai vécu dans la frustration et les plaintes. Pleurant à chaque fois devant Dieu ***« Seigneur, personne ne m'aime ! Je me sens seule personne ne m'appelle, personne ne pense à me faire des cadeaux ou des surprises à mes anniversaires (j'en rigole aujourd'hui) »*** et j'en passe. C'est juste pour vous donner un aperçu de ce qu'étaient mes prières devant Dieu, jusqu'au jour où j'ai reçu une réprimande sévère dans mon cœur et je rends grâce à Dieu car c'est comme un père que l'Eternel reprend celui qu'Il aime.[26]

Un jour, alors que j'étais comme à l'accoutumée en train de me plaindre dans la prière, j'ai alors entendu ces paroles dans mon cœur « ***Redresse-toi et plaidons* ! *Et toi ? Combien de personnes as-tu appelé cette semaine ? A qui as-tu rendu visite ? T'es-tu au moins posé une fois la question de savoir qui de ton entourage avait besoin d'aide dans cette semaine qui s'achève ?*** » C'était la douche froide, Dieu venait de me faire quitter la posture de victime à celle de la personne qui avait aussi une responsabilité et un rôle à jouer vis-à-vis des autres. Et ça a été le début d'une repentance et d'un brisement ; et j'y travaille encore aujourd'hui.

Je ne partage pas ces choses, juste pour le plaisir de le faire mais je crois fermement que ce témoignage aidera peut-être une personne à mettre des mots sur sa souffrance et à sortir de toute frustration. Dieu n'appelle aucun de nous à vivre centré sur lui. Et c'est là tout le secret d'une vie chrétienne épanouie. Plus nous restons centrés sur nous-mêmes, plus notre vie sera remplie de frustrations.

Dans une interview pour l'émission **« Tchat Avec Nath »**[27], le pasteur Dorothée Rajiah de l'Église Paris Centre Chrétien (PCC) a déclaré : ***« soigner les autres m'a aidée à me soigner »***. Oh Précieux Saint-Esprit puisses-tu nous accorder la révélation de la richesse d'une vie tournée vers les autres.

---

[26] Proverbe 3 :12 version Martin bible en ligne

[27] https://youtu.be/596MMqpzuMA

L'Amour consiste donc à faire aux autres comme j'aimerais que l'on fasse pour moi. Et lorsque Dieu remplit nos vies de son Amour, c'est pour que nous allions le déverser en d'autres. C'est un principe fondamental de la vie d'un disciple de Jésus-Christ à mon sens.

Voyons quelques versets de la bible qui nous encouragent dans cette optique :

« ***Tout ce que vous voulez que les hommes fassent pour vous, faites –le de même pour eux, car c'est la loi et les prophètes.*** » Matthieu 7 :12

Attention cela ne veut pas dire que vous devez commencer à poser des actes en espérant un retour ou une gratification de la personne en face, sinon vous passerez totalement à côté du sens de ce verset. Il s'agit simplement de comprendre que tout ce que vous faites et semez dans la vie des autres, vous revient naturellement d'une manière ou d'une autre. C'est une loi spirituelle.

« Voici le second ; Tu aimeras ton prochain comme toi-même. Il n'y a pas d'autre commandement plus grand que ceux-là » Marc 12 :31

Jésus donne cette réponse à un scribe[28] qui s'étant approché de lui, pose cette question : quel est le premier de tous les commandements ? On remarque bien que ce dernier avait précisé le premier de tous les commandements donc en toute logique, Jésus aurait dû juste lui citer un commandement et s'arrêter là. Au lieu de cela, Jésus dans sa réponse énonça le premier commandement *(Tu aimeras le seigneur ton Dieu, de*

28 Selon Wikipédia, un scribe est, au sens historique, une personne qui pratique l'écriture, Celui qui écrivait les textes officiels.

tout ton cœur, de toute ton âme, de toute ta pensée, et de toute ta force.) et rajouta ensuite un second (*Tu aimeras ton prochain comme toi-même*), montrant ainsi que l'amour de Dieu et l'amour du prochain sont indissociables.

« ***Jette ton pain sur la face des eaux, car avec le temps tu le retrouveras*** » Ecclésiaste 11 :1

Une fois de plus, il ne s'agit pas d'agir dans la vie des autres de manière intéressée dans l'attente d'un retour ; sinon vous deviendrez encore plus frustrés. Ceci est un appel à semer dans la vie des autres, à s'occuper de leurs besoins et à laisser Dieu s'occuper des nôtres. Si vous cherchez un emploi par exemple, et que vous avez un ami dans la même situation, aidez ce dernier à faire son cv, à rédiger sa lettre de motivation. Venez-lui-en aide, priez pour cette personne et vous verrez que Dieu répondra à votre besoin plus tôt que vous ne l'imaginez.

Ce qu'il nous faut comprendre au travers de ces exemples, c'est que nous devons apprendre à nous défocaliser de nous-même. Arrêter de vivre pour nous et rien que pour nous ; même lorsque tout va mal, même lorsque notre âme est abattue et que nous passons par des défis douloureux dans nos propres vies. C'est en nous tournant vers les autres pour leur manifester de l'amour que Dieu nous donnera une raison de tenir bon dans l'épreuve, une occasion de sourire dans la tempête et un cap sur lequel se tenir afin de servir Dieu même dans ces circonstances.

En conclusion, l'amour de Dieu et ses grâces manifestées envers nous doivent nous pousser à vivre tournés vers les autres. Car celui qui a connu Dieu a connu l'amour et cet amour est répandu dans nos cœurs par le Saint-Esprit qui nous a été donné afin que nous le déversions dans la vie des autres. Si nous disons que nous connaissons Christ, et que nous sommes bénéficiaires de son amour, alors notre rôle c'est d'aimer les autres.

Chapitre 5 : L'Amour au sein de la cellule familiale

« Précieux Saint-Esprit, j'implore ta sagesse et ta grâce en ce moment, afin que ce ne soit pas ma pensée mais la tienne. Que ce ne soit pas mes mots mais les tiens dans le précieux nom de Jésus-Christ » Au Nom de Jésus, j'ai prié ! Amen !

Je n'aurais pu commencer ce chapitre sans implorer l'aide du Saint-Esprit. Puisse- t-il m'accorder sa sagesse afin de me donner les mots appropriés. Le sujet de l'amour au sein de la famille est un sujet pour lequel mon cœur brûle. Car je pense qu'il devrait représenter l'une des préoccupations les plus importantes de notre société actuelle.

Un grand philosophe a dit que l'homme naît bon, c'est la société qui le corrompt. A mon sens, la première société dans laquelle tout homme est bâti c'est sa famille. Toute personne est le reflet de l'histoire d'une famille, d'une enfance et de souvenirs. C'est dans la famille que le comportement des hommes et des femmes vivant dans nos sociétés est façonné. Par conséquent, une enfance violée, une innocence volée et un enfant qui n'a jamais été protégé et aimé par ceux qui étaient censés le faire est un homme vindicatif et blessé qui tapit dans la société. Un article[29] décrivant, les conséquences que le déficit d'amour chez un enfant peut engendrer sur son comportement à l'âge adulte énonçait à juste titre ceci : « ***Chaque être humain a besoin de cette énergie vitale qu'est l'amour car il est né pour en recevoir et en donner.*** » Selon ce

[29] https://abisezerano.com/2018/06/21/psychologie-voici-ce-qui-arrive-aux-adultes-qui-nont-pas-ete-aimes-pendant-leur-enfance/

même article, le manque d'amour peut donc faire d'un enfant, un être totalement indifférent à la souffrance d'autrui mais encore une personne agressive et en colère vis-à-vis des siens et de la société.

Je n'ai pas encore eu la grâce d'avoir un enfant, raison pour laquelle il m'a été difficile de croire que j'avais quelque chose à écrire sur ce sujet. Mais gloire soit rendue au Seigneur qui ne cesse de m'enseigner à propos et qui me montre la responsabilité que représente le fait d'être le canal par lequel il envoie un homme sur cette terre. Je tiens donc avant de poursuivre ce chapitre à rendre un grand hommage à tous les parents de la terre. A tous ces hommes ou femmes qui élèvent un enfant seul, à tous ces parents qui donnent de leur meilleur pour bâtir des Hommes honnêtes et forts, à toutes les jeunes mamans tombées enceintes trop tôt, à tous ceux qui ne sont pas parents mais qui s'occupent d'un enfant orphelin ou qui veille à l'éducation d'un de ces derniers. Et je crois que j'en oublie une panoplie. Puisse le Dieu fidèle vous remplir de force et de sagesse afin de ne pas vous lasser dans cette grande responsabilité.

Vous me demanderez peut-être pourquoi consacrer un chapitre à l'amour au sein de la cellule familiale dans un livre comme celui-ci ? Je vous répondrais tout simplement que premièrement, parce que c'est une direction du Saint-Esprit, et secondement parce que je pense que derrière toute société forte, toute Église, tout pays puissant, toute entreprise solide se cachent des Hommes issus d'un noyau familial solide.

Dieu est lui-même un Dieu de famille. Et sa famille peut être perçue dans deux dimensions. Une première dimension verticale qui fait référence à la trinité à savoir : Dieu le père, le fils et ainsi que le Saint-Esprit. Et une seconde dimension, qui elle est horizontale. C'est dans cette dimension horizontale, que nous avons été inclus dans la famille de Dieu. Cet amour qui descend du ciel pour nous atteindre et nous inclure dans le plan parfait de Dieu pour l'humanité. Ce plan qui a été accompli à la croix.

Voilà pourquoi Ephésiens 2 :19 déclare : ***« Ainsi donc, vous n'êtes plus étrangers, ni des gens du dehors ; mais vous êtes concitoyens des saints, gens de la maison de Dieu. »***

Abraham et Lot

A chaque fois que j'ai eu à entendre une prédication sur notre père Abraham et son neveu Lot, il m'a toujours semblé que Abraham avait commis une énorme erreur en prenant avec lui lot son neveu, au moment où Dieu lui demanda de quitter la maison de son père. D'autant plus que ce dernier (Lot) avait été par la suite une grande source de problèmes pour Abraham.

La révélation que j'ai alors reçue de cette histoire est la suivante : ce n'est pas par hasard que Dieu avait choisi Abraham pour être le père d'une multitude. Lorsque nous lisons l'histoire de plus près dans le livre de Genèse. Dieu dit à Abraham[30] : « ***va-t'en de ton pays, de ta patrie et de la maison de ton père dans le pays que je te montrerai.*** ». L'Eternel

30 Genèse 12 : 1-5

ne donna à ce moment précis à Abraham, aucune autre indication spécifique relative à sa destination. Pour répondre à cet appel, il décide de prendre avec lui Sara sa femme, Lot son neveu ainsi que tout ce qui lui appartenait. Abraham fit ainsi le choix de prendre la responsabilité de veiller sur son neveu orphelin comme nous le dit la Bible. Par cet acte, il laissait déjà entrevoir les signes d'un homme qui comprenait la paternité et qui se sentait responsable de la vie d'une autre personne.

Parmi les promesses que Dieu fit à Abram qu'il baptisera plus tard (Abraham) à son départ, il est écrit : ***je ferai de toi une grande nation, et je te bénirai ; je rendrai ton nom grand et tu seras une source de bénédiction*** *etc*… Remarquons bien ici que Dieu lui dit juste : je ferai de toi une grande nation mais ne lui indique pas comment. Serait-ce en lui accordant des grandes richesses de telle manière que le pays où Dieu l'envoyait deviendrait le plus grand de la terre ? Jusque-là rien ne semble précis. Admettons même que l'on pouvait subodorer au travers des propos de Dieu qu'Abraham donnerait naissance à une multitude, cependant, ce n'est que dans Genèse 17 que Dieu utilise pour la première fois le mot « **P.È.R.E** » lorsqu'il dit à Abraham :

« Voici, mon alliance que je fais avec toi. Tu deviendras père d'une multitude de nations » Genèse 17 : 4

Pourquoi est-ce seulement à ce moment-là que Dieu avait décidé de préciser à Abraham de quelle manière il le bénirait ? Pour la simple et bonne raison que notre père Abraham avait fait ses preuves. Sur le chemin qui le menait vers la terre promise, et ce, malgré toutes les histoires qui étaient arrivées entre son neveu Lot et lui. Dieu avait été témoin de la fidélité d'Abraham à veiller sur son neveu. Son attitude a été une attitude d'amour et encore d'amour. Dieu savait dès cet instant qu'il pouvait faire confiance à Abraham pour devenir le père d'une multitude, pour engendrer des hommes de foi et laisser un héritage véritable sur la terre. La preuve, nous sommes aujourd'hui appelés fils d'Abraham.

Lorsque le Seigneur envoie un enfant dans une famille, il cherchera toujours une personne (parent, oncle, tante, frères etc.) capable de se tenir dans l'amour et la compassion pour en faire un homme de valeur.

Le droit d'aînesse

Un autre récit biblique au travers duquel le Saint-Esprit m'a enseignée est celui de Jacob et de Saül son frère ainé.

Je tiens à mettre un warning à ce niveau. Ce que je vais partager ici n'est pas une incitation à amener les aînés à jouer le rôle des parents. Le but ici n'est rien d'autre que de montrer qu'au sein d'une cellule familiale chacun peut avoir un impact et qu'il revient à chacun de nous de choisir si cela sera positif ou pas.

Ésaü et Jacob sont donc deux frères jumeaux dont l'aîné est Ésaü. Dans cette famille, la division et les coups bas règnent. La Bible nous relate donc dans le livre de Genèse au chapitre 25 : 29 à 34 un épisode bien spécifique de la vie de ces frères. Elle raconte qu'un jour, Esaü revint des champs étant fatigué, et trouva son jeune frère Jacob entrain de cuire un potage, il en demanda à Jacob qui lui indiqua que ce serait à la condition qu'il lui vende son droit d'aînesse. Méprisant ce droit d'aînesse, Esaü décida d'échanger son droit contre un bol de potage.

C'est à ce moment qu'il perdit par la même occasion l'autorité que Dieu lui avait conférée.

En tant qu'aîné d'une famille, vous faites partie des colonnes établies par Dieu dans la maison de vos parents et au sein de vos familles peu importe le rang que vous occupez. Alors ne vendez pas ce droit. Que vous soyez premier-né ou encore cadet, tant que vous avez des frères et des sœurs après vous, vous devez être conscients de votre droit d'aînesse. N'ouvrez pas de brèche, ne donnez pas d'accès à l'adversaire afin que vos familles soient fragilisées. On connaît bien la suite de cette histoire, toute la haine, la division, les coups bas qui ont pris place dans cette famille.

Une autre histoire que l'on qualifierait peut-être de « pas chrétienne » mais qui est assez parlante pour moi c'est le récit qui va suivre.

Nous connaissons tous, du moins la plupart d'entre nous, la brillante étoile qu'était la chanteuse Whitney Houston et nous avons également été témoins de sa fin tragique. Alors que presque tout le monde avait supposé coupable son ex-mari de l'époque Bobby Brown pour l'avoir initié à la drogue, une interview d'Oprah Winfrey [31]révèlera au monde que c'était plutôt son frère Michael Houston qui l'y avait initié pour la première fois. Parmi les raisons que ce dernier avait évoquées pour justifier son acte, il souligna le fait que c'était normal à cette époque et

31 https://www.parismatch.com/People/Whitney-Houston-c-est-son-frere-qui-lui-a-fait-essayer-la-drogue-161791

qu'il savait que sa sœur y allait être confrontée tôt ou tard. Combien cette révélation a fendu mon cœur !

Le rôle que le Seigneur nous confie en nous donnant un droit d'aînesse c'est d'être à notre niveau une couverture spirituelle pour nos cadets. Même si nous pensons que le monde leur apprendra certaines choses, notre devoir à nous c'est de leur montrer le chemin de la vérité, c'est de veiller sur eux par la prière, c'est d'être un exemple de foi pour eux. Ce n'est pas à nous de décider de les introduire dans de mauvais chemins sous prétexte que c'est la tendance ou l'effet de mode.

Dans cette histoire de Whitney Houston, rien ne garantissait qu'elle toucherait finalement à la drogue plus tard, peut-être serait-elle passée entre les mailles du filet de cette substance qui a fini par la détruire. Personne ne pouvait le prédire. Cependant, le plus regrettable à mon avis, c'est qu'elle ait été exposée à cette chose qui l'a finalement anéantie par l'une des personnes qui étaient censée veiller sur elle. N'analysons pas mal ce qui est dit ici ! Car, loin de moi la prétention de poser un jugement sur Michael Houston. Ceci est juste un exemple qui nous montre clairement l'importance d'être conscient de sa responsabilité au sein d'une famille.

Permettez-moi de vous partager un bout de mon histoire !

Deuxième d'une fratrie de trois, je dirais que je suis l'exemple de ce que l'amour d'une aînée peut avoir comme impact dans une vie. Alors que ma mère avait été emmenée à s'exiler en Europe pendant que j'étais encore adolescente, ma sœur aînée et moi avions été amenées à vivre avec ma tante décédée en 2014. Cette dernière était véritablement une mère pour nous. Pour moi c'était comme si j'étais sortie de ses entrailles, car son amour à mon égard m'avait presque gâtée[32]. Après son décès, j'avais alors perdu tout repère et j'avais l'impression que tout mon monde s'était écroulé. Qui m'aimerait encore autant ? Qui d'autre prendrait autant soin de moi ?

C'est alors que j'ai vu l'amour de ma sœur aînée prendre la relève. Bien qu'elle eût également besoin de soutien, puisqu'on était toutes les deux à avoir perdu celle qui avait été une véritable mère pour nous jusque-là ; ma sœur avait toujours fait passer mon bonheur avant le sien. Elle a été pour moi une amie, une conseillère qui m'a toujours montré le chemin de Dieu, une sentinelle qui s'est tenue devant Dieu pour ma vie. Et je sais que n'eut été sa présence, j'aurais sombré dans cette période particulière de ma vie. Alors si un jour tu lis ces écrits, sache que je ne bénirai jamais assez le Seigneur pour l'extraordinaire bénédiction que tu es pour moi. Je prie de pouvoir être à mon tour le modèle de grande sœur que tu es et de donner aux autres en retour ce qui m'a été donné.

La famille est donc l'endroit sur cette terre où nous devons nous sentir aimé et protégé. Et Dieu nous appelle à bâtir des familles solides pour impacter le monde et venir à bout des œuvres de l'ennemi. Pour moi, je gémis véritablement devant le Seigneur pour voir revenir au milieu de notre génération le fardeau des familles.

---

[32] Choyer, chouchouter, privilégier

Toutefois, j'espère avoir trouvé les mots justes pour transmettre ce que le Saint-Esprit a commencé à déposer dans mon cœur en rapport avec ce sujet.

Je terminerai donc ce chapitre avec ces mots de Mère Teresa, extrait du livre « ***Il n'y a pas de plus grand Amour*** »[33] : ***« La paix et la guerre commencent à l'intérieur de chaque foyer. Si nous voulons vraiment que la paix règne sur le monde, commençons par nous aimer les uns les autres au sein de chaque famille. »***

[33] Mère Teresa, « Il n'y a pas de plus grand amour », éditions Pocket (1998)

Chapitre 6 : Le pardon: la clef

« ***Soyez bons les uns envers les autres, compatissants, vous pardonnant réciproquement, comme Dieu vous a pardonné en Christ.*** » Ephésiens 4 :32

J'ai choisi de faire intervenir le chapitre sur le Pardon après ceux sur l'amour car le manque de pardon représente un énorme frein à la manifestation de l'amour. Je ne peux pas prétendre aimer si je ne pardonne pas ! Mieux encore, je ne peux pas dire que j'ai appris à aimer, si je n'ai pas appris à pardonner en même temps. Jésus n'enseignait jamais l'amour sans le pardon. Lorsque Jésus nous dit : « ***Mais moi, je vous dis : Aimez vos ennemis, bénissez ceux qui vous maudissent, faites du bien à ceux qui vous haïssent, et priez pour ceux qui vous maltraitent et vous persécutent*** » Matthieu 5 : 44

N'est-ce pas là une invitation à pardonner ? Il est clair que l'on ne peut pas aimer ou prier pour quelqu'un qui nous hait ou qui nous a fait du mal sans avoir au préalable décider de pardonner.

Vous savez, vous ne pouvez pas dire que vous aimez lorsque tout est à votre convenance, le véritable amour est testé et éprouvé lorsqu'il traverse l'épreuve de l'adversité, de l'écrasement, des blessures et des douleurs.

Le pardon est un acte qui nous est demandé par Dieu

L'un des aspects le plus important dans le pardon, c'est que Dieu nous demande tout simplement de redonner aux autres ce qu'il nous a lui-même donné. Parce que Dieu nous a pardonnés et que nous implorons chaque jour son pardon, nous devons aussi pardonner et accepter le pardon de ceux qui nous ont offensés ou fait du mal.

Souvenons-nous de cette parole de Jésus qui dit : ***« si vous ne pardonnez pas aux hommes, votre père qui est dans les cieux ne vous pardonnera pas non plus vos péchés ».***

Lorsque les disciples sont allés auprès de Jésus afin qu'il leur enseigne comment prier, Jésus leur a donné l'exemple de la célèbre prière du ***« Notre Père ».*** Dans cette prière, l'on retrouve un passage qui nous enseigne le pardon « ***Pardonne-nous nos péchés, car nous aussi nous pardonnons à quiconque nous offense ; et ne nous induis pas en tentation***[34] »

Remarquons ici, qu'il est dit : **car nous aussi nous pardonnons à quiconque nous offense.** Pardonner aux autres est donc la condition sine qua non pour obtenir le pardon de Dieu. Car à chaque fois que nous nous tenons devant Dieu pour implorer son pardon et qu'il absout nos péchés, il est en train de nous faire confiance pour que nous puissions en faire de même avec les autres.

Malheureusement, nous agissons bien souvent comme ce serviteur dont nous parle la Bible dans Matthieu 18. Dans ce chapitre du livre de Mathieu, à partir du verset 24, *il nous est parlé de ce serviteur qui devait dix mille talents à son maître, n'ayant pas de quoi payer sa dette, son maître ordonna qu'il soit vendu, lui, sa femme, ses enfants, et tout ce qui lui appartenait afin que sa dette soit acquittée. Le serviteur ayant*

---

[34] Luc 11

entendu cela, se jeta aux pieds de son maître en l'implorant ; et ce dernier eut compassion de lui en lui remettant sa dette. Quel bel acte de la part du maître !

Voyons à présent le comportement de celui à qui la dette avait été remise par le maître. Après cela, le serviteur dont le maître avait eu compassion, rencontra un de ses compagnons qui lui devait cent deniers. Ayant réclamé sa dette à son compagnon, ce dernier le supplia d'avoir patience, car il n'avait pas de quoi lui régler sa dette.

Mais la Bible nous dit que le serviteur ne voulut rien entendre et jeta son compagnon en prison, jusqu'à ce qu'il eût payé ce qu'il lui devait. Le maître ayant été informé de cela, s'irrita et livra à son tour le serviteur qui n'avait pas accepté de faire grâce à son compagnon aux bourreaux jusqu'à ce qu'il eût payé sa dette.

Ma question est donc de savoir, comment pensons-nous que Dieu se sent, quand il nous voit refuser de pardonner à notre prochain sur la terre, alors qu'Il nous accorde son pardon tous les jours ? Je laisse chacun de nous avec cette réflexion.

Toutefois, sachons que la grâce de Dieu manifestée envers nous doit nous rendre gracieux envers les autres.

Accordez-vous également le pardon

Il m'était quasiment impossible de terminer ce chapitre sans parler du pardon que l'on se doit à soi-même. Sachez-le, le manque de pardon et la dureté envers soi-même est l'une des armes les plus subtiles et la plus destructrice que Satan utilise contre les enfants de Dieu.

Cette condamnation envers vous-même, vous gardera dans une prison dans laquelle Jésus ne vous a jamais placé, et sous un joug dont il vous a libéré depuis longtemps.

Le message sur le pardon que nous devons nous accorder à nous-même est l'un des messages que nous n'entendons pas très souvent. Pourtant, il est primordial pour que nos églises soient remplies de chrétiens puissants, restaurés et conscients de leur autorité ainsi que de leur identité en Christ. Dans le livre des psaumes[35] Il est dit que ceux qui connaissent le nom de l'Eternel se confient en lui. Il serait donc illusoire pour un chrétien de se confier en l'Éternel, s'il ne croit pas que Dieu lui a pardonné. Il serait très difficile à un chrétien de s'abandonner dans la main de Dieu si son passé le ramène sans cesse en arrière.

L'une des ruses que l'ennemi utilise donc très souvent pour garder les enfants de Dieu dans la faiblesse et dans une vie limitée c'est la culpabilité et la honte.

Alors que je me sentais si mal un jour pour une erreur que j'avais commise il y avait des années auparavant et que je disais à Dieu dans une prière : Père, si je n'avais pas fait ce mauvais choix certainement ma vie serait plus facile aujourd'hui, le Saint-Esprit de Dieu a alors déposé cette parole dans mon cœur ***« Ne pardonne pas seulement aux autres, mais offre-toi toi-même ton pardon ».*** Oh combien c'est important de comprendre que nous devons apprendre à nous pardonner nous-même ; à arrêter de nous culpabiliser pendant que Jésus nous a déjà pardonné depuis fort longtemps.

---

[35] Psaumes 9 : 11

Néanmoins, je n'étais toujours pas satisfaite car je voulais savoir si Dieu m'avait pardonné. C'est à ce moment que ce verset de la bible m'est revenu à l'esprit ***« si nous confessons nos péchés, il est fidèle et juste pour nous les pardonner, et nous purifier de toute iniquité »*** 1 Jean 1 :9

Ce qui est merveilleux dans ce verset, c'est que le Seigneur ne nous donne pas seulement l'assurance que nos péchés seront pardonnés, mais encore plus que nous serons purifiés de toute iniquité. J'aime plutôt la version Martin Bible qui elle, emploi le verbe « nettoyer » à place de « purifier ».

Le manque de pardon envers vous-mêmes tuera votre intimité avec Dieu. Car plus vous vous sentirez coupable et honteux, plus vous éviterez la présence de Dieu. Et plus vous resterez éloignés de sa présence, plus votre culpabilité augmentera. C'est ici le principe même du cercle vicieux, et de la boucle qui se répète en continu.

Refusez de vivre dans ce cercle et acceptez le pardon de Dieu en acceptant de vous pardonner vous-même. Si vous êtes sûrs de vous être repentis pourquoi continuez-vous de vous martyriser ?

La Bible ne nous dit-elle pas que : ***« Si donc le Fils vous affranchit, vous serez réellement libres [36] »*** ? Mais également que : ***« c'est lui (Dieu) qui pardonne toutes tes iniquités et qui guérit toutes tes infirmités [37] »*** , ***« Qu'il jette nos iniquités dans le fond de la mer »*** *et* ***« c'est lui qui éloigne de nous nos transgressions »***

---

[36] Jean 8 : 36

[37] Psaumes 103 : 3

Je pourrais énumérer d'autres versets, mais le but ici n'est pas de citer toute la bible. Juste de nous faire comprendre que la parole de Dieu est riche et déborde de promesses qui nous libèrent de cette condamnation que l'ennemi veut mettre sur nous, et de ce doigt accusateur qui est longtemps resté pointé contre nous.

Sachez que, ce n'est pas grave si vous êtes tombés, ce n'est pas grave si vous vous êtes trompés sur le chemin. Ce n'est pas grave si vous avez emprunté un mauvais chemin ou avez pris une décision sans avoir consulté Dieu alors que vous étiez dans un moment de faiblesse. Le Seigneur ne vous laissera pas et ne vous abandonnera pas pour autant. Il est le Dieu qui est venu pour ceux qui sont faibles, malades et incapables. Nous avons tous besoin de sa grâce pour soutenir notre marche. Repentez-vous sincèrement et avancez. Décidez de tourner le dos à ces voies et de faire de la parole de Dieu, l'autorité suprême de votre vie, vos actes, vos choix et décisions.

Attention ! Ce qui précède, n'est pas un encouragement à vivre dans le péché ou la désobéissance à Dieu. Nous sommes un peuple qui se doit de marcher dans la sainteté et une totale obéissance. Car Dieu nous dit : ***« vous serez saint, car je suis Saint .»***[38]

Alors, allons-nous accepter le pardon et la liberté que Christ nous offre afin d'aller aimer les autres en toute liberté ?

[38] 1 pierre 1 : 16

Chapitre 7 : La place de la prière

Rien de grand et de fort ne peut se bâtir dans ce monde en dehors de la prière. Surtout pour nous disciples de Christ qui avons besoin de nous lever et de voir le monde être changé. La prière doit alors être une aspiration et un soupir ancrés dans nos âmes. Autant, nous restons éloignés de la parole de Dieu et de la prière, autant nous demeurons des hommes ou des femmes éloignés la vie de Christ et sans véritable impact dans ce monde.

Le but de ce chapitre reste le même, l'amour de Dieu. Un amour qui aspire à se dépouiller pour le Salut de ce monde, tel que Jésus-Christ nous l'a donné en exemple. Aimer, consiste également à prier ! J'emprunterais ces mots à mère Teresa : « ***Souvenons-nous que celui qui veut aimer doit pouvoir prier*** ». La prière nous conduit à découvrir la volonté de Dieu. Une intimité avec Dieu par la prière nous dépouille de nos propres pensées pour nous aider à nous voir et à voir les autres selon le regard de Dieu. Bien plus, la prière est le seul canal par lequel il nous est possible de ressentir les besoins de Dieu pour le Salut de ce monde.

Orlando Boyer, auteur du livre « Les héros de la foi » disait que, le secret de tous ces grands hommes dont il a consigné les parcours dans son ouvrage était la PRIÈRE.

Dieu n'est-il pas un Dieu attentif à la prière de ses enfants ? La Bible contient de nombreux versets qui nous décrivent un Dieu attentif aux prières de son peuple.

Le Psaumes 65:2 déclare : ***O toi qui écoute la prière ! Tous les hommes viendront à Toi*** *en* parlant ainsi de l'Eternel. Si nous continuons nous pouvons voir que le Psaumes 145:18 dit « ***L'Eternel est près de tous ceux qui l'invoquent, de tous ceux qui l'invoquent avec sincérité*** ». Une autre parole de l'écriture qui nous montre à suffisance l'importance de la prière, au travers de ces propos de Jésus lui-même se trouve dans Marc 11 : 24 ***« C'est pourquoi je vous dis : Tout ce que vous demanderez en priant, croyez que vous l'avez reçu, et vous le verrez s'accomplir. »***

Tous ces versets et bien d'autres nous prouvent que la bible regorge de nombreuses paroles qui nous incitent à voir la prière comme une arme de prédilection dans notre désir de voir ce monde être changé.

La Prière d'intimité

Un homme de Dieu m'a dit un jour : ***« la prière change premièrement le cœur de celui qui prie »***. Oh ! Combien est vrai cette déclaration ! Si nous voulons voir le monde être changé, nous devons premièrement être changés et cela ne peut se faire que par la prière. La prière est donc le canal par lequel nous apportons notre cœur devant Dieu afin de le laisser nous toucher ou nous transformer. Elle est cette toilette spirituelle par laquelle l'on purifie nos cœurs devant Dieu. Il s'agit alors à ce moment d'une prière d'intimité, d'un cœur à cœur, d'un soupir et d'un cri s'élevant à Dieu pour notre propre vie et notre condition interne. Pour mieux comprendre ce que je souhaite décrire ici, je prendrai l'exemple de David.

Dans le livre des Psaumes, nous pouvons constater que David priait très souvent des prières d'intimité. Des prières qui avaient pour objectif de demander à Dieu de transformer son cœur ou de toucher sa vie.

Deux exemples parlants que je peux souligner sont :

- Psaumes 51 : 10 ***« ô Dieu ! crée en moi un cœur pur, Renouvelle en moi un esprit bien disposé ».*** Dans cette prière David parle et présente à Dieu son cœur, il soupire après Dieu pour voir la condition de son cœur être changée.

- Psaumes 139 : 24 ***« Regarde si je suis sur une mauvaise voie, et conduis-moi sur la voie de l'éternité ».***

La prière d'intimité a donc pour but de nous rapprocher du cœur et de la présence de Dieu. Mais puisque nous ne pouvons entrer dans la présence du Saint des Saints remplis de péchés et de souillures, il nous est donc préalablement indispensable de crier à Dieu afin qu'il nous lave et nous rende dignes d'entrer dans sa présence.

La Prière qui apporte le réveil

Dans mes premières années de conversion à Dieu, il y avait ce cantique issu du recueil Christ est vainqueur, intitulé « Débout Sainte Cohorte » que l'on chantait très souvent dans des rassemblements de jeunes. L'une des phrases du couplet numéro 3 dit : ***« Le triomphe est possible pour qui lutte à genoux ».*** Effectivement, nous sommes cette cohorte du Seigneur envoyée sur la terre et qui se doit de lutter à genoux pour voir le réveil au milieu de notre génération.

Dans son livre « Dieu, le Feu et le Réveil », John Wesley Adams a écrit ce qui suit : ***« A chaque génération, les ressources de Dieu pour***

le réveil sont accrues et attendent d'être libérées. Quand on trouve des gens qui se tiennent devant Lui, animés d'une faim spirituelle désespérée, des mains et un cœur pur, une réelle humilité, une intercession sans faille et une foi audacieuse pour rendre le réveil possible, Dieu enverra à nouveau le réveil de feu venu des cieux ».

Pour nous mettre dans le contexte, dans ce livre, Wesley Adams retrace les événements qui ont apporté le réveil dans les années 1900 aux États-Unis au sein du peuple Hébrides. Un réveil qui, selon les écrits de l'auteur a été contagieux pour d'autres pays.

Ce qui est intéressant à noter dans ce récit, c'est que ce réveil a commencé par la prière de deux vieilles dames, appelés les sœurs Smith qui criaient à Dieu pour le réveil de leur ville. Nous montrant ainsi que la prière précède toujours le réveil. La prière dont il s'agit ici est celle d'intercession.

Contrairement à la prière d'intimité qui est centrée sur Dieu et notre relation avec Lui, l'intercession, quant elle, est tournée vers le monde qui nous entoure et ses besoins. Ce type de prière fait entrer en jeu un facteur extérieur. On ne prie plus alors seulement pour nos péchés, nos familles ou nos vies, mais on crie à Dieu, implorant son pardon, pour les péchés d'une nation, d'un peuple, afin que Dieu le visite et le libère. Cela demande un prix à payer. John Wesley nous dit que : ce prix à payer n'a pas changé au cours des années, il s'agit du brisement devant Dieu et du fait de se vider de « soi-même ». Ce qui consiste à se détourner de son péché et de ses mauvaises « habitudes », ainsi qu'un abandon total à Dieu et en ses plans.

Revenons à 2 Chroniques 7 :14 qui dit ***: « si mon peuple sur qui est invoqué mon Nom s'humilie, prie, et cherche ma face, et s'il se détourne de ses mauvaises voies, je l'exaucerai des cieux et je guérirai son pays ».*** Si nous voulons voir Dieu faire quelque chose pour la génération qui est la nôtre, cela commencera dans l'humilité, la soif et la faim que nous aurons dans nos cœurs. Cela dépendra de combien nous allons accepter de fléchir le genou, de nous tenir au pied du Seigneur avec de grands cris, des larmes, des cœurs déchirés jusqu'à ce qu'Il vienne. Pour toucher nos rues, nos villes, nos nations et faire connaître le nom de Jésus-Christ.

Ce verset nous permet de réaliser que la prière d'intercession requiert trois éléments essentiels à savoir :

- **L'humilité** : Dieu répond toujours à la prière d'un cœur humble, lorsque Dieu voit dans la vie d'un homme, d'une famille ou d'un peuple de l'humilité, il se tient prêt pour répondre à la prière de ce peuple. Jacques 4 :6 ne nous dit-il pas que : ***c'est pourquoi l'Écriture dit : Dieu résiste aux orgueilleux, mais il fait grâce aux humbles*** ? Voilà pourquoi, nous chrétiens, avons besoin de nous humilier devant Dieu afin de voir ce monde être sauvé.

- **La recherche de la face de Dieu** : la Bible nous exhorte à rechercher continuellement la face de Dieu. Nous pouvons donc confirmer cela dans des passages bibliques tels que 1 chroniques 16 :11 ou encore Psaumes 105 :4 qui nous exhortent à avoir recours à l'Éternel et à son appui et à rechercher continuellement sa face. Nous ne pouvons donc pas changer ce monde si nous ne recherchons pas la face de l'Eternel, ou si nous ne nous tenons pas devant lui continuellement.

- Le fait de se détourner de ses mauvaises voies et chemins : Jean 9 :31 nous dit : ***« Nous savons que Dieu n'exauce point les pécheurs ; mais, si quelqu'un l'honore et fait sa volonté, c'est celui-là qu'il exauce ».*** Le peuple qui fait descendre le salut dans une nation est un peuple qui honore Dieu et qui fait sa volonté. Nous ne pouvons donc pas vivre loin de la volonté de Dieu et dans le déshonneur, et prétendre ou espérer pouvoir impacter ce monde et y apporter un réveil.

Si nous voulons voir nos nations être transformées, sachons que cela ne peut être possible sans la prière. Dieu est un Dieu des Nations et de tout temps, Il a toujours agi au travers des hommes pour le Salut des Nations.

Chapitre 8 : Embrasse ton identité

« Si je parle dans les langues des hommes et des anges, mais que je n'ai pas l'amour, je suis comme un airain qui résonne ou comme une cymbale retentissante. » 1 Corinthiens 13 :1 (version Darby)

Dans notre marche avec le Seigneur, il arrivera toujours un moment où il nous faudra désapprendre pour réapprendre. Car l'ignorance de notre identité en Christ nous limitera dans notre destinée et limitera par la même occasion le Seigneur dans ce qu'Il voudra accomplir avec nous et par nos vies. Lorsque le Seigneur Jésus-Christ nous appelle à être ses témoins dans ce monde, la véritable question à se poser est celle de savoir : de quoi sommes-nous témoins ? Ou alors de quoi témoignons-nous ?

L'une des définitions que le dictionnaire Le Robert donne au mot témoin, c'est celle d'une personne qui certifie ou peut certifier quelque chose, ou encore qui peut en témoigner. Si l'on se réfère à cette simple définition, on peut conclure que nous sommes donc appelés à témoigner et à certifier de la vie de Jésus-Christ pendant qu'il n'est plus physiquement présent sur cette terre. L'une des plus grandes caractéristiques de Jésus-Christ c'est qu'il a marché dans l'amour et la compassion. Nourrissant les pauvres, guérissant les malades, étant avec les faibles, les affligés et ceux qui souffraient. Le monde en nous regardant ou en nous écoutant aujourd'hui peut-il ainsi certifier ou témoigner de ce caractère de Christ ? Je crains que Non.

Que pense le monde de Jésus aujourd'hui, en regardant ceux qui sont ses témoins ? Voit-il un Jésus indifférent à leurs souffrances ? Un Jésus qui ne s'approche que de ceux qui semblent saints ou alors un Jésus totalement épris du monde et de ses passions ?

Généralement, lorsque l'on entend les chrétiens parler de leur identité, ils vous diront qu'ils sont rachetés et sauvés, qu'ils sont désormais la tête et non la queue, ou encore qu'ils ont autorité sur les démons, les scorpions et sur toute la puissance de l'ennemi. Gloire soit rendue à Dieu et effectivement toutes ces choses sont véridiques et c'est là une partie de l'identité du croyant.

Mais une question principale demeure et est celle de savoir : **À quoi Jésus avait-il dit qu'on reconnaîtrait véritablement ses disciples ?**

L'Identité du Chrétien c'est l'Amour

Permettez-moi de le dire de manière directe, l'identité première du Chrétien c'est l'**Amour.** Détrompons-nous, ce n'est pas notre parler en langue, nos rassemblements tous les dimanches, ou même le fait de porter sa Bible ou de parler de Dieu qui constitue premièrement notre identité en Christ.

Peut-être que mes propos ici pourraient choquer plusieurs, mais je prie le Seigneur qu'il nous donne de comprendre l'esprit avec lequel j'écris ces mots.

La vérité, c'est que nos églises sont remplies de chrétiens qui portent leurs Bibles tous les jours, qui sont devenus des spécialistes du parler en langue, des prophéties, des chasseurs de démons et parfois même des chercheurs de titres. Je ne suis pas en train d'insinuer que toutes ces choses soient mauvaises. Car bien sûr qu'il faut que l'église se rassemble, qu'elle prie, prophétise ou parle en langue. Mais au milieu de tout cela, si nous oublions l'amour, nous ne sommes que des 'airains qui résonnent ou des cymbales retentissantes', comme nous le dit l'apôtre Paul dans le livre de Corinthiens.

Lorsque le temps est arrivé pour Jésus de partir de cette terre, il a fallu qu'il donne un nouveau commandement à ses disciples et ce commandement était l'Amour.

Jésus s'adresse ainsi à ses disciples dans Jean 13 aux versets 34 et 35, il leur dit : ***« Je vous donne un commandement nouveau : Aimez-vous les uns les autres comme je vous ai aimés, vous aussi aimez-vous les uns les autres.***
A ceci tous reconnaîtront que vous êtes mes disciples, si vous avez de l'amour les uns pour les autres ».

Jésus était donc en train de dire par là que le signe distinctif qui permettra de reconnaître ses disciples, c'est l'Amour. Remarquons que Jésus parlait ici de disciples et non de chrétiens. Les disciples étaient ceux qui avaient suivi Jésus durant tout son ministère, qui avaient écouté ses enseignements, et avaient été avec Lui jusqu'à la fin.

Ils n'étaient pas alors question de ceux qui l'avaient suivi sporadiquement, peut-être parce qu'Il passait un jour dans leur ville, ou parce qu'ils avaient entendu que Jésus faisait des miracles. C'est là la différence entre un disciple et un chrétien. Jésus dans cette parole parle clairement de disciples, de ceux qui marchaient à sa suite et qui lui sont demeurés fidèles.

Dans notre monde, nous entendons parfois de nombreuses personnes se déclarer chrétiennes comme si la chrétienté est un héritage, un effet de mode ou encore un vêtement qu'on peut juste porter par magie. Voilà pourquoi il est important, pour nous, disciples de Christ, de nous poser la question de savoir quelle est notre identité ?

L'identité, c'est quelque chose qui nous distingue, qui permet d'établir une différence entre plusieurs personnes et nous. Un ensemble d'éléments qui font de chacun une personne unique.

La deuxième partie de ce verset est parfaitement claire. Et nous déclare que c'est par l'Amour **que tous reconnaîtront que nous sommes des disciples de Jésus.**

Nous ne pouvons donc pas dire que nous sommes de Christ si nous ne portons pas la marque de l'Amour. Si nous n'apprenons pas à véritablement nous aimer au sein de nos communautés et nos églises. Si nous ne vivons pas l'unité dans l'Église ou entre frères et sœurs. L'un des esprits avec lequel Satan fragilise de plus en plus le corps de Christ c'est l'esprit d'offense ou d'accusation (j'entends par là un esprit qui consiste à amener des accusations, des blessures et des offenses entre disciples de CHRIST). Nous disciples de Christ nous devons plus que jamais nous garder de cela et interdire à cet esprit de proliférer dans l'Église.

La Bible ne nous met-elle pas en garde contre de tels esprits lorsqu'elle nous dit dans Hébreux 12:15 ***« veillez à ce que nul ne se prive de la grâce de Dieu, à ce qu'aucune racine d'amertume poussant***

des rejetons, ne produise du trouble, et que plusieurs n'en soient infectés »

Le monde a besoin d'être premièrement témoin d'un véritable amour entre ceux qui confessent Jésus-Christ. Car ce n'est qu'à ce moment que nous pourrons leur partager l'amour de Christ et manifester un amour vrai qui va vers les perdus, et qui accepte de mettre ses mains dans la misère des autres.

Ce n'est pas dans la haine, les querelles, les divisions que nous gagnerons ce monde. Car souvenons-nous de cette parole de Marc 3 :24 : "***Si un royaume est divisé contre lui-même, ce royaume ne peut subsister***"

Ma prière : Seigneur, parle-nous et révèle-nous notre identité afin que nous soyons tes véritables disciples sur la terre. Amen!

L'urgence de l'Amour

Il y a une urgence cruciale pour nous disciples de Christ à aller aimer les gens dans le monde aujourd'hui, à aller manifester Christ et le partager à ceux qui ne l'ont encore point connu.

Le monde va mal, des signaux d'alerte sont devant nos yeux. Les chiffres parlent d'eux-mêmes. Le monde crie et soupire après une solution. Pourquoi nous, disciples de Christ, avons-nous bouchés nos oreilles ? Pendant que Jésus nous interpelle tous les jours à aller le faire connaître aux autres ? Il est Amour. Il est la solution ! N'avons-nous pas l'habitude de chanter dans nos églises : "Jésus, est la réponse au monde aujourd'hui" ? Cependant, tant de détresse, tant de douleur, tant de peine et tant de mort autour nous.

Savez-vous quels sont les chiffres sur les suicides et les tentatives de suicide en France par exemple?

En 2021, un article du journal la Libération[39] relevait une hausse de 300% de tentative de suicide chez les jeunes avec l'apparition de la COVID-19. Ce chiffre était issu d'une lettre de recherche médicale des urgences pédiatriques de l'hôpital Parisien Robert- Débré dans le XIX arrondissement entre janvier 2010 et avril 2021. Ce chiffre se basait sur l'admission aux urgences pédiatriques des enfants de moins de 15 ans pour cause de tentative de suicide, et s'appuyait sur une base de comparaison des notes centralisées par le personnel médical depuis des années. Le pédopsychiatre auteure de cette étude releva un constat clair : ***par rapport à il y a dix ans, nous avons en novembre- décembre 2020, 299% d'augmentation de tentatives de suicide chez les moins de 15 ans.***

Un médecin en santé publique a alors qualifié cela de "***phénomène jamais vu auparavant***". Bien que certains arguaient qu'il fallait prendre ce chiffre avec des pincettes, car l'on ne pouvait pas se fier qu'à une vision centrée sur un seul hôpital. Il n'en demeure pas moins qu'un phénomène est à signaler et reste criard, parce qu'il touche à une partie de la population très jeune. Notre jeunesse est criblée, visée par les attaques démoniaques. Le monde l'appellera comme il souhaite, mais à nous il nous a été donné la grâce de comprendre les choses spirituelles.

---

[39] https://www.liberation.fr/checknews/les-suicides-et-tentatives-de-suicide-des-jeunes-sont-ils-en-hausse-de-300-depuis-le-covid-20211108_P6VEAIE2UJHHDI3N74ISXBDUUM/

Un autre article de santé publique France[40], publiée en 2019 et intitulé "***Suicide et tentative de Suicides : données nationales et régionales***", présentait la France comme étant l'un des pays avec le taux de suicide le plus élevé en Europe, soit environ 9 000 décès par suicide par an.

Il y aurait tellement à écrire s'il fallait regarder aux chiffres de dépression et de criminalité. Selon le bilan du ministère de l'Intérieur sur les statiques de criminalité rapporté par un article du journal le Parisien[41], les indicateurs de délinquance sont presque tous en hausse pour 2022. Les violences intrafamiliales et sexuelles étant celles qui ont le plus augmenté en 2022. Il s'agit donc d'une augmentation de plus de 17% pour les violences intrafamiliales et de plus de 11% pour les violences sexuelles. Les coups et blessures quant à elles en dehors du cadre familial connaissent une augmentation de plus de 14%. Ces chiffres sont alors révélateurs du chaos et de la profondeur des ténèbres qui tentent de gagner notre société. En ce qui concerne les homicides volontaires, le chiffre s'élève à plus de 8% et j'en passe.

Au milieu de tous ces constats, une question demeure : Où sommes-nous, peuple de Dieu ? Où sommes-nous ? Pourquoi sommes-nous si passifs et insensibles à toute cette douleur ? Le cœur de Dieu ne saigne-t-il pas face à ce monde qui se meurt ? Ne nous interpelle-t-il pas ? Ne nous demande-t-il pas d'être l'Église dont ce monde a besoin ? Ne veut-il pas nous équiper de sa puissance et de son Saint-Esprit pour éteindre

---

[40] https://www.santepubliquefrance.fr/les-actualites/2019/suicide-et-tentative-de-suicides-donnees-nationales-et-regionales

[41] https://www.leparisien.fr/faits-divers/delinquance-la-quasi-totalite-des-crimes-et-delits-en-hausse-en-2022-31-01-2023-WZ57YJUEGREUJEMAPVB35FGLPQ.php

les traits enflammés de l'ennemi ? Ne souhaite-t-il pas lever une armée de puissants sur la terre ?

L'urgence de l'Amour frappe plus que jamais à la porte de nos cœurs. Alors, allons aimer les perdus. Allons donner Jésus à ceux qui ne l'ont pas. Car Jésus-Christ est l'Amour et la Solution dont ce monde a besoin.

Ma prière : Réveille-nous Seigneur, Enlève la tiédeur, la froideur, le confort, l'indifférence et suscite à nouveau un peuple qui apportera le réveil dans ces temps au Nom de Jésus-Christ.

Chapitre 9 : A toi de jouer !

*« **Aussi la création attend-elle avec un ardent désir la révélation des fils de Dieu** » Romains 8 :19*

Alors que je m'apprêtais à clôturer l'écriture de ce message, le Saint-Esprit m'a mis à cœur de rajouter ce chapitre.

Dans ces pages, mon objectif n'est rien d'autre que de t'exhorter à ne pas fuir le plan de Dieu pour ta vie, mais aussi de te faire savoir comment j'ai vécu ces temps d'écriture, sous la conviction de l'appel que je pensais avoir reçu de Dieu dans mon cœur.

Oui ! J'utilise le verbe « penser » ici, car il y a eu tant de doutes et de raisonnements qui me demandaient de m'arrêter en chemin. Certes, la possibilité que je me trompais et que ce ne soit pas Dieu qui m'ait demandé d'écrire ce livre n'était pas à exclure. Mais que **perdais-je finalement en le faisant ?** RIEN !

Après un long temps de réflexion, et de nombreux moments de prière pendant lesquels j'ai pu ressentir que le cœur de Dieu semblait être meurtri par ma désobéissance, j'ai alors dû m'asseoir avec moi-même et me poser la question suivante : **Finalement, qu'est-ce qui est plus important ? Est-ce obéir à la voix de mes doutes ou à celle que je pensais venir de Dieu ?**

La décision a donc été irrévocable pour moi. Il me fallait quoiqu'il m'en coûte obéir à l'appel que je pensais venir de Dieu. Assurément, mon Dieu me corrigerait ou me fermerait des portes si jamais ce chemin n'était pas le sien.

C'est ainsi qu'a commencé cette aventure avec mon Père Céleste et ma seule détermination, dès cet instant, a été de faire descendre sur la terre cette œuvre que mon Dieu avait d'avance préparée pour que je la pratique.

Ce que j'ai donc expérimenté tout au long de l'écriture de ce livre, c'est que les rêves de Dieu ne viennent jamais d'une manière dans laquelle nous nous sentons capables ; car c'est Dieu lui-même qui accomplit ses rêves, qui amène ses dessins à exécution sur la terre, et nous ne sommes que des canaux. De simples instruments dans sa main, qu'il utilise lorsqu'ils sont disposés. Ces vases si imparfaits et si faibles qui ne peuvent y arriver que par la foi et leur soumission totale à Dieu.

Pourquoi est-ce que je partage ceci ? Le Saint-Esprit m'a tout simplement mis à cœur, dans cette partie, de t'encourager à te lever pour l'œuvre de Dieu. Peut-être que tu entendras le Seigneur te demander de te lever pour aller évangéliser dans les rues, peut-être, il te demandera d'oser parler de lui à ta famille, tes collègues ou tes camarades. Et que toutes ces choses te feront peur. Tu te sentiras probablement incapable. Mais le Seigneur t'encourage à oser et à mettre ta foi en Lui.

Que ta réponse soit alors comme celle du prophète Esaïe, lorsque que Dieu se demandait qui Il enverrait et qui marcherait pour Lui au milieu d'un peuple inique ; Esaïe avait tout simplement répondu : ***« Me voici, envoie-moi ».***

Et s'il était temps pour nous de dire dans cette génération : ***« Nous voici, envoie-nous »*** ?

Ne sois pas un Jonas pour ta génération

Avec du recul, je réalise combien j'ai été un Jonas aux yeux de Dieu. Il a fallu que le Seigneur me parle encore et encore et vienne me chercher dans les directions opposées, pour me ramener au cœur de sa volonté. Quand nous étions petites, mes sœurs et moi, ma mère avait l'habitude d'utiliser cette phrase : ***« obéir lentement, ce n'est pas obéir ».*** Oh combien, c'est vrai ! Apprenons tout simplement à obéir promptement à Dieu, même lorsqu'on ne comprend pas. Car dans notre marche avec Dieu, ce n'est pas nous le 'boss', mais Lui.

C'est Dieu qui dans sa souveraineté décide où, comment et quand ? J'aimerais alors t'encourager à prendre un moment à part avec Dieu afin de te repentir pour toutes les fois où tu as été rebelle envers Dieu comme moi, je l'ai été.

Dans le livre de Jonas, qui est un livre très court contenant quatre chapitres, j'ai été ainsi surprise de voir que Jonas ne s'était jamais réellement repenti. Je m'explique !

Au commencement de ce livre éponyme, il nous est relaté comment Dieu s'adressa à Jonas en lui demandant de se rendre à Ninive, comment ce dernier prit un autre chemin qui était celui de Tarsis. La conséquence de son acte fit venir une grande tempête sur le bateau dans lequel il se trouvait au point où il avait dû être jeté dans l'eau par ses compagnons de voyage afin que leurs vies puissent être épargnées.

Dans le chapitre 2, l'on voit Jonas dans le ventre du poisson qui adresse une prière à l'Éternel en lui demandant de le sauver et en lui promettant au verset 10 qu'il accomplirait les vœux qui lui a faits. Et la bible nous dit que Dieu parla au poisson, et le poisson vomit Jonas.

Il convient quand même de s'arrêter quelques instants, afin de souligner le fait que Jonas, après être sorti du ventre du poisson, ne prit pas de lui-même la résolution de se rendre à Ninive. Tout au contraire, Dieu dû s'adresser à Jonas une seconde fois en lui demandant de se rendre à Ninive au chapitre 3. Heureusement, cette fois-là, Jonas se leva pour se rendre à Ninive. Cependant, et ce jusqu'ici, le récit ne fait nulle part mention du fait que Jonas s'était vraiment repenti pour sa désobéissance ou alors avait renoncé à sa colère.

Cela va donc se confirmer immédiatement dans le chapitre 4, lorsque Jonas s'irrita à cause du comportement des gens de Ninive et dira à l'Éternel ***c'est ce que je voulais prévenir en fuyant à Tarsis*** ; cette déclaration montre que Jonas ne s'était pas encore totalement soumis à la volonté de Dieu et avait encore des résistances.

Obéir à Dieu, ce n'est pas obéir avec des résistances ; obéir à Dieu est un acte de soumission de notre propre volonté à celle de Dieu. De plus, je dirai littéralement que Dieu ne devrait pas avoir besoin de nous parler plusieurs fois pour que nous puissions obéir.

Notre obéissance à Dieu doit donc être prompte et dénuée de toutes résistances ou de toutes insoumissions. Si vous souhaitez alors réussir dans les voies et les projets de Dieu pour vous, apprenez à obéir même quand vous n'êtes pas d'accord ou ne comprenez pas le chemin. Mais surtout apprenez à vous repentir sincèrement de toute désobéissance.

Ma prière est qu'au travers de ma plume, Dieu puisse non seulement déposer son message dans votre cœur, mais aussi susciter en vous l'envie de vous lever pour accomplir les rêves et projets qu'il a mis en vous. Car chaque rêve qui vient de Dieu sert à l'enrichissement de son royaume sur la terre, alors ne laisse pas le royaume de Dieu être limité sur la terre à cause de ta désobéissance.

Prière

« Père Éternel, en clôturant ce chapitre, nous venons te demander pardon,

Pardon pour toute désobéissance, pardon pour toutes les fois où tu nous as demandé de faire quelque chose et que nous ne l'avons pas fait ou l'avons simplement fait de la mauvaise manière.

Nous nous repentons et nous nous attendons à nouveau à toi. Relève-nous par ta parole et tes promesses et nous accomplirons tes volontés,

Réveille le héros en nous, l'esprit de détermination, de force de courage et l'esprit de ceux qui n'abandonnent pas sur le chemin, afin d'accomplir tes œuvres sur la terre.

Nous t'avons ainsi prié dans le suprême Nom de Jésus-Christ. »

ÀTOI DE JOUER MAINTENANT !

Mot de la Fin

Ce livre aurait pu porter un tout autre titre, ou être écrit autrement. Cependant, j'ai voulu transmettre fidèlement le message déposé par Dieu dans mon cœur.

"**Mon monde saigne ! Et toi mon peuple, que fais-tu ?**", est donc une question que Dieu m'a adressée personnellement dans un moment où je m'attendais le moins, m'interpellant ainsi sur mon indifférence face au monde qui se perd. Ce qui m'a conduit dans un long voyage qui dure depuis 2021.

Chaque parole et chaque chapitre contenus dans ce livre sont ainsi des enseignements que Dieu m'a donnés et m'a appris à mettre en pratique dans ma propre vie, avant de m'inviter à le partager à un plus grand nombre.

Je sais que Dieu veut que son message soit entendu par son peuple, c'est la seule raison pour laquelle il m'accorde la grâce de pouvoir le publier. Le Seigneur souhaite alors réveiller son peuple, afin que l'Église soit celle des derniers temps dont ce monde a besoin.

La fin de toute chose est proche, le retour de notre Seigneur Jésus-Christ est imminent, et toute l'actualité dans le monde nous le démontre ces dernières années. Le monde va de mal en pis et semble être désormais sans espoir, pourtant il existe un espoir, une solution, Jésus-Christ mort et ressuscité pour le salut de ce monde.

L'Église de Jésus a ainsi besoin plus que jamais de se lever, de prier, d'être consciente de son autorité, de s'aimer et d'aimer afin d'apporter la lumière de Dieu dans ce monde plongé dans les ténèbres. Ce livre n'est en conséquence rien d'autre qu'un message d'encouragement, une interpellation de Dieu à son peuple. Car c'est dans l'obscurité la plus profonde que la lumière brille le plus.

Viens à Lui

Et toi veux-tu connaître Jésus-Christ ? Veux-tu découvrir son amour pour toi ?

J'aimerais alors te donner l'occasion, aujourd'hui, d'accepter Jésus-Christ dans ton cœur comme ton Seigneur et ton Sauveur personnel. Mais avant, voici ce que tu dois savoir :

1- Il est mort pour toi, afin que tu ne vives plus pour toi-même,

2 Corinthiens 5 :15 ***« Et qu'il (Christ) est mort pour tous, afin que ceux qui vivent ne vivent plus pour eux-mêmes ».***

2- Il a porté ton péché pour que tu sois juste aux yeux de Dieu,

2 Corinthiens 5 :21 ***« Celui qui n'a point connu le péché, il l'a fait devenir péché pour nous, afin que nous devenions en lui justice de Dieu ».***

3- Il est ressuscité pour toi.

Romains 8 : 34 ***« Christ est mort ; bien plus, il est ressuscité ».***

4- Il prie pour toi en ce moment dans le ciel.

Romains 8 :34 ***« Il est à la droite de Dieu, et il intercède pour nous ! »***

Je t'invite alors à répéter cette prière à haute voix et d'un cœur sincère.

« Seigneur Jésus-Christ, je te remercie d'être mort à la croix et d'avoir donné ta vie pour moi.

Je te remercie de me tendre à nouveau la main en ce jour. Je prends, dès aujourd'hui, la ferme décision de te suivre et de te donner ma vie. Je t'accepte ce jour et te reconnais dans ma vie comme mon Seigneur et mon sauveur personnel. Merci pour ton immense amour qui s'est manifesté à la croix du calvaire pour moi.

Je te demande pardon pour tous mes péchés et d'avoir vécu loin de toi aussi longtemps. Lave-moi par ton sang aujourd'hui, purifie mon cœur.
Accorde-moi ton Saint-Esprit et enseigne-moi à marcher dans tes voies jusqu'à la fin de mes jours ici-bas. Je t'ai ainsi prié dans le précieux Nom de Jésus ».

Si tu as fait cette prière, sache que je me réjouis sincèrement avec toi et que les anges dans le ciel le font aussi. Tu viens de prendre la plus belle décision de ta vie et Jésus-Christ se tient désormais à tes côtés pour te conduire et te montrer le chemin. Voici donc les trois habitudes clés que tu devras développer pour faire grandir cette relation. Il y en a certainement pleines d'autres que tu découvriras au fur et mesure, mais celles-ci te permettront déjà d'avancer avec Dieu.

1-**Lire la Bible** : la Bible devra devenir ta meilleure amie, car elle t'apprendra à mieux connaître Jésus, à obtenir des informations sur qui Il est, ce qu'Il a fait pour toi et pleines d'autres choses.

2-**Prier** : la prière te permettra de parler tous les jours à ton nouvel ami Jésus.
Tu n'as pas besoin de formule ou d'un modèle de prière à réciter. Entre juste dans ta chambre, appelle-le et raconte-lui ta journée, dis-lui merci pour tout ce qui t'a fait plaisir et partage-lui ton cœur tout simplement.

3-**Trouver une bonne église** : Trouver une bonne église te permettra de grandir et de te faire accompagner par des personnes qui un jour ont pris la décision de suivre Jésus comme toi. Tu seras enseigné sur des choses que tu n'as pas la capacité de comprendre en lisant ta Bible tout(e) seul(e) à la maison, ou encore, cela t'aidera à trouver des personnes qui te soutiendront dans la prière pour des péchés que tu n'arrives pas à lâcher et bien d'autres choses encore.

Je prie alors que le Seigneur te bénisse et te conduise dans cette nouvelle étape de ta vie dans le Nom de Jésus-Christ

Bibliographie

Taylor, Osborn, « Gagneurs d'âmes », édition livres osfo, (2000), 299 pages

Mère Teresa, « Il n'y a pas de plus grand amour », édition Pocket, (1998), 200 pages

John Wesley Adams, « Dieu, Le Feu et le Réveil », édition Bethesda, (2020), 172 pages

Printed by Books on Demand GmbH, Norderstedt / Germany